PEARSON

人生法则系列译丛

*Richard Templar*

# THE RULES OF WEALTH

## A personal code for prosperity and plenty

# 财富的107条
# 黄金法则

（英）理查德·坦普勒 著　　唐兆辉 何畔 译

东北财经大学出版社
Dongbei University of Finance & Economics Press

大连

辽宁省版权局著作权合同登记号：图字06-2013-170号

**图书在版编目（CIP）数据**

财富的107条黄金法则 / （英）坦普勒（Templar,R.）著；唐兆辉，何畔译.—大连：东北财经大学出版社，2015.6
（人生法则系列译丛）
ISBN 978-7-5654-1748-1

Ⅰ.财… Ⅱ.①坦…②唐…③何… Ⅲ.私人投资-通俗读物 Ⅳ.F830.59-49

中国版本图书馆CIP数据核字（2015）第094959号

东北财经大学出版社出版发行
大连市黑石礁尖山街217号 邮政编码 116025
教学支持：(0411) 84710309
营 销 部：(0411) 84710711
总 编 室：(0411) 84710523
网 址：http://www.dufep.cn
读者信箱：dufep@dufe.edu.cn
大连图腾彩色印刷有限公司印刷

幅面尺寸：140mm×210mm 字数：138千字 印张：10
2015年6月第1版 2015年6月第1次印刷
责任编辑：李 季 责任校对：孙 萍
封面设计：冀贵收 版式设计：钟福建
定价：39.00元

# 前　言

有句谚语是这么说的："钱、钱、钱，人们的脑袋里想的都是钱。"也许不尽然（除非他们的嗜好是收集钱币），但因为钱的用途很大，所以每个人都爱钱，竭尽心力去追求、保护自己的财产。

没错，金钱买不到爱情或快乐，但是可以让你尽情享受生活，排除许多不开心的事。金钱其实可以买到很多东西，下面这十种是我这几年观察下来发现人们最想买的东西。

1. 获得保障：有自己的房子，银行有足够的存款，能够过理想的生活。手边最好也能存一点钱，有急用时才不用担心。还要有充足的退休金，确保退休生污高枕无忧。

2.生活舒适：拥有保障之后，我们还想要一个温暖、宽敞的家。孩子有保姆照顾，家里有佣人每天打扫、定时修剪草坪，打开衣柜就有干净的衣服。还有闲钱可以购买足够的医疗保单，给自己最高规格的医疗保障。

3.奢华享受：有了舒适的生活后，我们就会追求奢华的享受。希望能每年出国度假，酒柜随时放着佳酿，经常上高级餐厅用餐，身穿昂贵的漂亮时装，到剧院或是看运动比赛时，能坐在贵宾室享受最好的视野，以及能够尽情享受其他林林总总的嗜好。

4.行动自如：出门在外，不管是搭火车还是坐飞机都能乘坐豪华商务舱，有自己的游艇，在世界各地旅行时都有司机接送。

5.社会地位：受邀出席重要场合，往来尽是有名望人士；进出高级俱乐部，获得人们的尊敬。

6.发挥影响：做善事时出手阔绰，确保你的观点受到他人的认同，并获得众人爱戴。

7.自由自在：不用仰赖老板、主管、债权人或是客户。不受日历、行程或是时间所控制，年纪大了也不会成为孩子的负担。

8.有闲有暇：可以在任何时候做自己想做的事、去想去的地方、和想碰面的家人或朋友相聚。

9.受人欢迎：有能力款待好友和亲朋，可以经常和大家联络，为朋友制造欢乐，拥有广大的社交圈。

10.乐善好施：可以经常捐献大笔金钱帮助人们，能够支持自己相信的组织团体。

我觉得这十点需求看起来非常合理，不管你想要完成全部还是只有其中几点，你都得开创财富以实现梦想——也就是说你要找到贫富之间的差别。你要清楚富裕的人有哪些想法、行为举止和你不一样，其实大都是你早就知道但是还没实行而已。变成有钱人的方法不是高深的科学新知，只需要下工夫了解然后努力实践就可以。我花很多时间研究许多富裕的人，发现多数的法则都很基本，几乎所有的富豪都这样做。本书列举的黄金法则大都属于这个范畴；不过也有少数法则是部分富裕的人的遵守方针，不是人人都如此。在此我也提出一部分来和大家分享，也许你就是属于这些可以靠着怪招成功的富裕的人。

取得保障、生活舒适、奢华享受、行动自如、社会地位、影响力、自由自在、有闲有暇、受人欢迎和乐善好施——这是多数人的理想，也许你的目标并不在这十点之内，而拥有这些也不一定保证生活快乐、如意，不过相信这些已经是构建快乐生活的良好基石。

我试着把最重要的财富黄金法则都写进这本书中，它们可以帮助你实现梦想，为你累积财富，但是要知道追求财富只是帮助你完成梦想、实现美满生活的手段而已。

我也不认为书中一百多条黄金法则，就是达到目标的唯一公式，你可能在追求的过程中会找到其他好方法。可以的话，欢迎你写信到我的 Facebook，和我们分享。

www.facebook.com/richardtemplar

**理查德·坦普勒**

# 目 录

金钱只是 种概念，摸不着也看不到。不过，你可以通过支票或纸钞把金钱变成物质，薄薄的纸钞或支票，却具备巨大的能量。

金钱的概念对大部分人而言，会带来一定的思想包袱。喜欢钱和花钱是好是坏，每个人都有一套自己的衡量标准。

在本书的前面我将提出几个法则——也许，只是也许——我们对财富的想法可能是无法拥有财富的原因。如果我们内心，甚至潜意识中深信金钱是不好之物，坐拥财富是件坏事，那么我们可能会在不知不觉中抗拒赚大钱的好机会，而不肯放手一搏。

我会协助你明白要付出多少努力才能赚到钱。这有点像运动，要时常练习，熟能生巧。因此，懒惰不可能赚到钱，必须要

## 第一部分
## 理解财富

付出心力和汗水。

　　你也要清楚知道，自己想要什么、为什么想要有钱、怎么样才能赚到钱、有钱之后要怎么做等此类的问题。没有人会说，赚钱是件轻松的事。

## 1.人人都能成为富人

金钱的魅力在于它一视同仁，没有差别待遇，不会在乎肤色、种族、地位高低、父母是谁，甚至也不管你认为自己是谁。不管你昨日出了什么错，今天都是全新的开始，你和其他人都有相同的权利和机会，要赚多少钱就赚多少。唯一的障碍是你自己和你的金钱观（见法则7）。

**你和其他人都有相同的权利和机会尽可能地获得你想要的东西。**

世界上的富人们已经拥有了大量的财富。金钱没有眼睛，不知道谁是主人，不知道主人的学历、有什么企图，或社会地位高低。金钱既没眼睛、耳朵，也没有感官，是无生命和无情感之物。金钱是一无所知的。金钱被使用，被投资和储蓄，被抢夺和利诱，也是工作的目的。金钱自己并不会判断你是否有资格拥有它。

我研究过许多富裕的人，他们各有各的特色，但对财富法则都奉行不悖。你会发现各种不同富裕的人，有的一派绅士，彬彬有礼，也有的粗鲁没教养，是个土财主；有的见识广博，也有的是乏善可陈；有些人看起来就像富裕的人，但也有财富和外表很不相称。但他们有共同的做事风格，他们勇敢走向金钱，大声地说："我要有钱。"穷人通常会说："谢了，我不需要。"或是我"不配"有钱、我"不应该"、我"不可以"、我"不行"。

我要帮你看清楚这些事，让你挑战自己的金钱观。我们以为穷人是因为环境、出生背景、家庭教育，以及天生个性使然，所以一辈子贫穷。但只要你愿意逃脱牢笼，买一本教你如何致富的好书——像你手上这本——你也会变得有钱。也许过程艰辛，路途也不平坦，但是你做得到，一定做得到！这就是财富的第一个法则，只要你愿意付出，人人都可做富人。

接下来，我将为你展开一系列成为富人的其他法则。

## 2.确立你的财富观

那么，对你来说，怎样才算有钱？在开始前，你要坐下来静心思考，为财富下定义。就我观察，每个富裕的人都曾扪心自问，而且也找到答案。他们清楚地知道，财富对自己的意义是什么。

我有一个慷慨有钱的好友，在开始做生意前就告诉自己，当他能够不用靠本金也不用靠利息过生活，他就是真正的有钱人。听起来有点复杂，于是他进一步解释：投资本金所赚的利息，能再生利息，当他能靠利息的利息生活时，就是拥有真正的财富，听起来真不错。

现在，我这个朋友很清楚自己每小时赚多少利息的再生利息。当我们一起到餐厅用餐，他知道这餐的花费，也知道这几个小时中又生了多少利息。只有利息大于餐饮费用，他才会高兴。

你可能会认为这样的定义太高，你不想把财富标准定到高不可攀，把自己逼得太紧。这当然没问题。但是你可以定个金额，比方以前大家都想成为百万富翁，这是个判断是否达到目标的简单标准。今日有许多人名下的房地产早就超过这个数目，但并不觉得自己富有，也没有提高财富定义的打算，譬如说希望成为亿万富翁。

相比之下，我自己的财富标准是要有足够的钱，足够到不用担心不够。那多少钱才算足够？其实我也没有答案，我永远在操心如何增加收入。不过自从收入开始以千镑，而非零头计算时，我就越来越放心了。我清楚账户里有多少千镑，也知道自己能花多少，要再赚多少。

对某些人来说，当自己或家人发生意外时，不会担心没钱应付，便是拥有足够的财富。所以"足够"的定义是什么？以名下有几辆车、家里有几个佣人、存款多少、房地产市值、投资净额等来判断，答案当然没有对错，但在你没有制定出财富定义前，请不要翻阅下一页。因为没有明确目标，就没有瞄准的方向。没有目的地，开车只是绕着圈子乱转。如果没有目标，如何监督或判断自己是否成功？而且如何知道这本书对你真的有帮助，或只是在浪费时间？

没有目标，如何监督或判断自己是否成功？如何知道这本书对你真的有帮助，也许只是在浪费时间？

## 3. 设定目标

当你已确立你的财富观，就能有清楚的目标和遵循的方向，如同规划出课程表。因此，当你知道目的地，自然对下面几点了然于心：

- ●什么时候出门。
- ●预计抵达时间。
- ●要走哪条路。
- ●到了目的地后要做什么。

成为富裕的人也是一样，你先要知道怎样叫有钱、怎么赚钱、花多少时间、有钱之后你想要过什么生活。

**先要知道怎样才叫有钱、怎么赚钱、花多少时间、有钱之后你想要过什么生活。**

我想你现在一定了解，设定目标的重要性。赚钱有三步骤：如何赚钱、需要多久、用什么方法。初步规划可以很简单，譬如说："我要专心经营房地产开发公司，在40岁以前成为百万富翁。"

很简单吧！对我来说是如此，因为我只是动动手指写下这句话。我敢打包票对你一定不容易，因为你从没严肃思考过。但你一定做过要做富裕的人、举世闻名或当个成功人士的白日梦吧。可惜只有少数人能够完成梦想，因为这些人不会把梦想当空想，他们会用心规划朝梦想前进。如果你也想成功，那非得这样做不可，而且我相信你一定跃跃欲试，不然不会读到这里，早就合上书本了。朋友，我真的很为你高兴。

现在就请你设定目标，我可以等你。

设好了吗？设定了什么目标呢？要知道，目标要实际、诚实而且做得到。为什么说要实际？如果你想成为世界上最有钱的人，不是做不到，但听起来总是不切实际。

诚实就是要对自己坦诚，做真正的自己。要设立自己能够接受也愿意卷起袖子执行的目标，这样才有意义。欺骗自己或他人，结果只有失败。

要做得到？没错，如果你对房地产一无所知、没兴趣学习、没有资金，也贷不到款，那么要成为房地产商，岂非痴人说梦，不但脱离现实、对自己不诚实，而且也做不到。

现在你对自己的目标满意吗？很好。让我们继续讨论下去，我们要赶快让你成为富裕的人。

4.保守秘密

现在你将开始一个新的旅程，记得要保守秘密。有时候难免需要和理财顾问讨论投资规划（见法则71），但不要到处宣扬。原因如下：

- 人们通常以负面思考居多，容易影响你的信心。

- 增加竞争对手。

- 没有必要泄露你最好的想法。

- 旁人会觉得你在说教，或想要改变他们的想法。

- 没有人想知道你在做什么，如果他们关心你最近如何，简单回答"还不错"就好，无须冗长地解释半天。

- 有秘密很好，可以让你沾沾自喜。

到处宣扬赚钱计划，容易让人眼红，可能做出对你不利的事。保守秘密不花你一毛钱，也不用额外耗费力气。

**现在你将开始一个新的旅程，记得要保守秘密。**

让这件事成为你我之间的秘密，继续学习和实践财富法则。不要因为他人也可从中获益而开口分享。当然，你大可故意将本书放在显眼处，引起其他人有兴趣阅读，这没问题。

有趣的是，即使你到处宣传，其他人也不太会相信，更别说做什么改变。多数人宁愿舒服地坐着看电视，也不想劳动自己。没有人喜欢听教，或是被鼓励要改变现有的生活方式，那好像被暗示自己做得不够好。要做富裕的人这件事，最好暗中进行，无须大声宣扬。

## 5.勤劳致富

为了赚钱，你必须早起辛勤工作，即使上床睡觉，脑海中仍旧规划着明日的行程。没错，不是每个人都需要辛苦赚钱，有人幸运地中彩票头奖，有人继承大笔遗产，有人甚至财富、名声自行上门，但这些不会发生在你身上。如果你将目标设定为：我要中大乐透头奖，从此过着富裕人生。那你可以合上本书，此时更实际的做法是起身去买大乐透。如果你设定的目标较为实际，那请继续往下阅读。

很多人没钱是因为无法克服懒惰。他们也会说想要有钱，但是却不付诸行动。他们也许会买张彩券，为有钱这件事尽点心力，但绝不会想要劳动筋骨或牺牲享乐去打拼。

**很多人没钱是因为无法克服懒惰。他们也会说想要有钱，但是却不付诸行动。**

很多人相信追求财富便会遭到魔鬼诱惑（见法则7）。努力赚钱好吗？金钱真的值得追求吗？我觉得这取决于成为富人后，你如何运用财富。

看看富裕的人的楷模，例如比尔·盖茨、维京集团主席理查德·布朗森（Richard Branson）、阿姆斯特德公司创办人艾伦·休格（Alan Sugar）、投资大师巴菲特、英国电视名厨戈登·拉姆齐（Golden Ramsey）、英国工业设计师詹姆士·戴森（James Dyson）、捷克第一个亿万富翁彼得·凯尔纳（Petr Kellner）……这些人的共同点便是放情工作。他们赚钱的方法不一，生产电脑、投资股票、发明真空吸尘器……不管如何，他们一天的工作量都很可能大于我们一个月的工作量总和。

这就是金钱吸引人的地方，它们正停在原地等你来提取（还记得法则1吧）。要做富人，就要付出艰辛的努力。

你也会成为富裕的人，在实现的过程中要努力工作，专心投入，有志向、野心，当然，赚钱必须是兴趣所致。

## 6.认清真相

看到许多人竟然会漠视明显的事实真让我感到惊奇，尤其是穷人。我不是心存偏见，我要说的是为什么穷人是穷人，原因就在此。有些人经常埋怨自己穷，找很多理由借口，他们也有工作，但不够努力，不然就是方法不对，却希望问题会自行消失。

问题会自动解决吗？当然不会，只可能变得更糟糕。假如你有经济问题，而且想要赚更多钱来达成目标的话，不管你是想赚很多还是多一点就好，都得付诸实际行动。因为我敢向你保证，除非中乐透头奖，不然现实人生是不会有所改变的。

**除非你付诸实际行动，不然现实人生是不会有所改变的。**

坐下来静心思考有哪些建设性做法可以增加财富，一旦决定后你就要付诸行动，除此之外，别无他法可以带你脱离经济困境。做法一定要实际，不管是前进的方向、日常的花费，还是能够存进户头的数目，或者是成就财富的新方法。

这样的原则也适用在储蓄上面，想要在5年内存到100万元，但是每个月只能存500元，到头来能存到5万元就要偷笑了。要想存到特定金额，就得算出每周或是每个月需要存的数目。做不到的话，可别像只鸵鸟把头埋到沙里，假装没这回事，倒不如延长时限，或是修正能力可及的范畴。

假如你知道自己在用钱上有坏习惯，一定要勇于面对。譬如说每个月都要花3 000元在啤酒、衣服、鞋子上面。那么，在思考要如何成就财富时，请正视问题。要是怎么努力都存不到钱，也不用寄望自己会突然有办法每个月都可以存到5 000元。

　　我了解不去面对问题或是挫折，日子会比较好过，但是这样做，一生都会和穷困形影不离。如果你真的想成为富裕的人，一定要勇于面对经济上的窘境，挽起袖子来改变现况。

## 7. 了解自己的金钱观

在我们的成长过程中，总会碰到许多关于金钱的说道。父母的教养方式，无形中就形成我们的金钱观，到现在，我还常听母亲说："省下的就是赚到的。"以下的一些观念在我们许多人心中根深蒂固：

● 金钱是万恶之源。

● 金钱是肮脏的。

● 我没有财运。

● 只有贪心和奸商才能赚大钱。

● 金钱使你心灵腐败。

● 不可夸耀财富，不可告诉别人自己的收入，或是买东西付多少钱（交易中除外）。

● 钱会玷污我们的心灵。

- 有钱就会失去朋友。
- 要做富裕的人就要努力工作（见法则5）。
- 快乐和财富无法和平共存。
- 拥有越多，就会越贪心。
- 高尚的人可以安贫乐道。
- 我注定没钱，不然我早该发财了。
- 命里八两，莫求一斤。

快速检查一下自己是否也有同样的观念，哪一条最触动你的心弦。现在请你拿出纸和笔，写下自己对金钱的误区。我相信应该不少。写完之后，请回顾过去，为什么自己会养成这种观念，是你自己体悟出来的，还是跟长辈亲友学来的？

去除自己质疑或是觉得无稽的观念，任何会阻碍你有钱的观念，都不要留在心里。

**任何会阻碍你有钱的观念，都不要留在心里。**

最后应该只剩下一张白纸，现在将新观念填上去：

● 金钱万岁。

● 想做富人是好事。

● 我会变得有钱。

● 我愿意为做富裕的人而努力工作。

富人们没有穷人的财富迷思，他们早已清除不当思想。如果我们也这样做，就能有机会成为富人了。

## 8.财富是结果，不是奖赏

如果你辛勤工作，成为富裕的人的机会就会很大。金钱是对你在工作上的用心和付出的酬劳。越用心、努力工作，会得到越多报酬。只要你认真工作，一定会拿到薪水，没有专门的调查委员会审核你的薪水。

**没有专门的调查委员会审核你的薪水。**

我们经常会评断别人是否值得坐拥财富，每个人或多或少都曾这样想过。卡尔文·艾尔（Calvin Ayre）靠创立线上赌博游戏成为富裕的人，他有 1 600 多万名英国顾客。英国司法部对此现象很不满，找各种理由想关掉他的公司。不过艾尔不是英国国民，也没有居住在英国本土。有关他的故事，都可以在 www.Forbes.com 的网站上看到。这个网站记载许多富裕的人的事迹，你应该把它设成首页才是。要了解别人怎么赚钱，才能了解财富的来龙去脉。

艾尔利用英国法律漏洞成为富裕的人，但是他不住英国，因此不构成犯罪。社会大众会不会批评他？至少我不会，也许赌博不对，但我只看到他辛勤工作回收的丰硕成果。

我曾经在电视上看到，有个家伙靠洗车成为富裕的人。他专门为明星洗车和打蜡，一次要价一万。请问这样的价钱是奖赏还是报酬？他一定不认为是奖赏，他设定洗车费用，并使顾客愿意付钱，因为他洗车打蜡的技术最棒。丰厚的报酬来自他的生意头脑、技巧和辛勤工作。

9.想要有钱的目的是什么？

如何花钱也是设定的目标之一，答案没有对错。如果你决定把钱全花在可卡因上，我会觉得很愚蠢，但这是你个人的决定，就如同你可能也会认为我想买一座城堡很怪异。但又怎样呢？这样做我们会很开心，这才要紧。每个人对享受的定义不同，我们会把钱花在让自己快乐的地方，我没有道理评断任何人的决定。

那么，你想要如何花钱？为什么想有钱？你的答案会显示出内心隐藏的金钱误区，还有你对金钱的真正看法。

**每个人对享受的定义不同，我们会把钱花在让自己快乐的地方。**

　　答案有时很简单，因为我们需要钱来实现梦想。动物保育人士杰拉尔德·达雷尔（Gerald Durrell）从小就想要一座动物园，他写了36本畅销书，赚钱帮助自己实现愿望。那你的梦想是什么？

　　我问过一个好友，她的答案很发人深省。她说，要有钱才能把孩子留在身边，他们不会太早离家，她便不用独自面对老年，所以，她想有钱是因为不想孤独。

　　另一个朋友说，有钱可以给他冒险的生活。我逼他讲清楚，原来他想要逃离现有的生活，他要变年轻、自由，成为单身贵族。

　　有钱是使他们达成梦想的答案吗？那对你来说呢？

　　当你想要有钱的同时，也可思考有没有其他方法可以完成梦想。例如，我想为亲人支付医疗保险，通过发明简单的医疗互助保险，就能解决问题。

　　此外，也得思考不要将金钱花在哪儿。我热爱的东西——汽车和游艇——但是我发现这两样嗜好都不会增值，我的金钱只会减少不会增加。然而我还是很喜欢旧款跑车和游艇，两者都需要花很多钱保养。我要有钱的动机并不是要买更多新东西、新车和新游艇。你真的需要变得有钱吗？你要先知道自己想要什么。

那么，你的理由是什么呢？写下你的答案，不管你想写什么，我都建议你一定要写下来。白纸黑字很有真实感，自己知道就好。日后回顾时，便知道自己是否完成了梦想。

## 10. 钱能生钱

钱滚钱是不变的真理，金钱像兔子一样，喜欢群聚，安静又快速地繁衍后代。钱滚钱会越滚越多，有钱的人会越有钱，穷人则是越来越穷。这就是现实，虽令人难过却是事实。你可以坐着抱怨，也可以努力工作，创造不一样的人生。决定权在你手里。

**钱能生钱，有钱的人越来越有钱。**

如果你想改变现状，可以在累积一大笔钱后，合理地用你的钱帮助那些不如你幸运的人，或是选择完成自己想要完成的事。

当你攒了第一桶金后，你会很惊讶金钱增值的速度这么快。我建议你赶紧了解复利的概念。复利是累积财富最重要的垫脚石，但别指望我解释复利如何操作。第一，这不是教财务学的书；第二，我希望你自己去学习。我直接告诉你，不会引起你的学习兴趣。我观察到富裕的人了解复利的观念，但是一般人不懂。

如果你赚多少就花多少，那这条法则对你没有帮助，你永远存不到投资的第一桶金。你一定要养成存钱的习惯，有一天才能钱滚钱。如果兔子农场每生一只兔子就宰一只，很快农场里将一只兔子也不剩。现在你要开一家金钱农场，你的钱会生钱，一部分可做日常开销，但要省下一部分继续生钱，千万不可花个精光。这个观念是不是很简单，但奇怪的是却有很多人不懂。现在你了解了，让我再告诉你几项赚钱的秘诀。

●拨出专款用于资本增值。

●只花其中一部分。

●持续健康的再投资，建立大额资本。

●保守秘密。

## 11. 计算投资净利

想到要计算投资的净利就觉得无趣吗？你可要知道，这个数字会决定自己是否能买到梦想中的房子，出国度假的频率；还有何时退休、开什么车，以及留多少财产给孩子或是回馈社会。这样想之后，你一定不会觉得计算净利很无趣。梦想何时能够实现，便要看你有没有计算投资净利。

相信你一定了解何谓"净利"，但是在决定投资之前，你会记得先计算成本、支出、手续费和税金吗？假设你觉得一项有6%报酬率的投资很吸引人，想把钱放进去。但是你是高所得，要缴40%税金，那么试算下来，净利便只剩3.6%。这样的数字是不是跟原本的6%差很多？当然，知道净利后不一定会放弃此项投资，重点是，你必须在了解真正净利后才决定是否投资。因此，要提醒自己不要只看到大标题就冲动下决定。

**投资净利会决定你是否能买到梦想中的房子以及出国度假的频率。**

假设你想要买房子出租。这间房子要价900万，年租金收入为20万，你觉得这样的回报相当不错。但是签约前可得要先算一算，房贷、房屋保险、中介费等等。也许出租时会发生房客衔接不济的空当，这也会使收入降低，可别忘了租金还要课税。你看看，这样算下来，收入是不是就减少很多。

我不是说当房东的投资不可行，只是想提醒你，把钱放进去之前，一定要先计算净利，再决定投资是否妥当。当然，房子还会增值，但可能要等待好长一段时间。如果你在短期或5年、10年内会卖房子，那么就无法保证有很大的增值空间，房价甚至有可能会下跌。

因此，投资前务必计算净利，这样做并不复杂，而且可以帮你做再次审慎的思量，确定自己没有漏掉所有费用，尤其是隔年逃不掉的税金，最让人头痛了。

## 12. 金钱不是万能的

有钱不会让你在人际关系上永远一帆风顺。财富无法保证你不生病，只能给你较好的医疗护理。财富能让你餐餐大鱼大肉，但是大半富裕的人都有健康问题，即使有钱，吃好、穿好，也不保证永葆安康。

**财富无法保证你不生病，只能给你较好的医疗护理。**

你越将金钱视为解决之道，就越无法掌握重点。金钱不会为你解决任何事。

你一定在想："如果我有 N 多的钱，就可以解决那件事。"但你会发现，在有钱之后问题也将接踵而来。金钱不会让你更快乐、更苗条、更受欢迎，金钱不会给你心灵宁静。你看这世上有许多坐拥财富，但不快乐也没有真心朋友的胖子。我们要先找到解决问题的方法，然后再设法用钱来支持你的解决方案。金钱从来都不是解决之道，只是润滑轮子的机油。金钱不是解决人生问题的引擎。

## 13.赚钱的同时享受生活

很多人持有以下全部或者部分观点：

● 赚钱让你冷酷无情、没有道德良心，贪心又爱摆布他人。

● 为了多赚一点钱，你出卖灵魂、父母和信念。

● 有钱让你得上心脏病、失眠和压力等相关疾病。

● 为了赚钱，你变成假惺惺的人，牺牲家人、道德和快乐。

人生很可能是这样，但这不是定律，你也不用变成这种人。如果真的发生了，那你一定是在过程中做错什么。就像法则1所讲，金钱没有差别待遇，任何人都可以拥有，你不用为了赚钱而让这些事发生。有很多平凡又善良的人成为非常富裕的人。古板的旧观念认为，富裕的人都是一边嚼着烟草，一边对下属发号施令，同时还承受高度压力从电话中抢大笔订单，签订狡猾的合约。这个想法已经过时。

你可以在赚钱的同时享受工作，睡好觉。你只要决定了要做什么——无论是什么原因，都要为之努力，坚持到底。

如果你开始睡不着，也不再享受工作，那可得好好自省一番。翻回本书的前几个法则，回想你为财富所下的定义。

**如果你开始睡不着，也不再享受工作，那可得好好自省一番。**

我记得有一部卡通片，它的场景是在会议室，主持会议的总裁是一只胖猫。一个可爱的女孩站在门边，指着自己的脸说："金钱买不到一个友善的笑容。"与会的生意人均被指责得很羞愧。胖猫总裁大声对着女孩咆哮："滚出去，有谁想要友善的笑容？"总裁这样讲，让大家松一口气，又继续开会。

我就想要一个友善的笑容，即使失去一点点钱也没关系。我想要一夜好眠，享受工作，还能赚大钱；但是我不会为此妥协我的原则，牺牲和家人相处的时间，或是放弃温暖的阳光。我躺在床上时，不会让自己为钱而烦忧，也不会为了金钱失去幽默感和欢乐。我可以发誓以上所言绝对真实。相信我，我说到做到。我认识太多富裕的人，我仔细观察他们如何赚钱、享受生活，成为一个高尚优雅的人。这一定是可能的，只是有些时候显得不是那么回事而已，这些都可以作为戳穿我们固有的、不好的金钱观念的证据。

## 14.不铤而走险

我喜欢谷歌（Google）的宗旨：不作恶（Don't be evil）。我不确定它真正的意义，不过还是很喜欢这句话。如果你必须说谎作弊、偷窃欺诈、失眠隐瞒、走法律漏洞、破坏规则、当坏人才能赚钱，那金钱不值得你这样做。

如果赚钱让你失去欢笑，尤其为了钱成为坏人，倘若一定要如此，那立即停止追求财富。若是没办法通过正当途径去享受赚钱带来的快乐，最好赶紧去做其他的事情。

我曾认识一个重刑犯，他说自从他开始腐败以来就非常不开心。事实上，他比我们更奉公守法，他不敢超速、不上夜店、生活低调，就是怕引起警察的注意。

**若是没办法通过正当途径去享受赚钱带来的快乐，最好赶紧去做其他的事情。**

做个清白守法的人，你敢超速、上夜店，晚上睡得香甜又安稳。你可以看着孩子成长，看到镜中的自己，心中一片坦荡，自我感觉良好，这是再多钱也换不来的。

如果你必须要作恶才能赚大钱，这说明你是失败的。你迷失方向做错事，出于无奈只得出险招。不用心想正确方法面对挑战，只能说你让自己成为偷懒、绝望、没有创意的人。

我知道许多富裕的人铤而走险累积财富。没错，他们很有钱，但是你直视他们双眼时，你看到什么？你想要自己也有彻夜无眠而变得通红的双眼吗？你也想要门铃响起，心惊肉跳的生活吗？你想要没有人相信你吗？或是宁愿有个安稳的人生，事事守法，诚实行事呢？答案显而易见，不是吗？

只要你的财富不是靠巧取豪夺、残酷不正直、触犯法律、破坏规则而赚来的，那你就做对了！快速检测一下自己是如何赚钱的，并保持清醒。

## 15.理解金钱和快乐的关系

　　人生中我们会经历许多痛苦的事，不管是失去伴侣、被裁员或是生病……数也数不完。跟金钱相关的有几点：

　　●钱太少让你痛苦。

　　●钱太多让你痛苦。

　　●财物太多，让你痛苦。

　　●家徒四壁，让你痛苦。

　　从一开始我们就领悟到金钱和快乐不能画上等号，金钱买不到快乐。这是一般人会犯的错，但是你不要重蹈覆辙。你可以贫穷而幸福。你可以富有而幸福。你也可以贫穷而痛苦，或者富有而痛苦。

　　如果你要有钱是为了快乐，很快你就会失望。若想通过有钱而有权势/年轻/性感/更有活力/更有趣的人/更好看……不管你想追求什么，都会失望。金钱没有生命、没有感官，它什么都不介意，介意的人是你。有钱之后，要达成愿望容易许多，你想达成这些梦想，所以追求金钱，但是要知道金钱是安慰剂，不是解药。

我们看到许多彩票得主，买了豪宅还是不开心，因为他们失去以前的朋友。也有企业大亨在面临破产时，结束自己的生命，因为他们觉得变成穷光蛋生活不再有意义。

**金钱是安慰剂，不是解药。**

但是，我们不会犯同样的错误，我们要努力实践法则，了解金钱和快乐的关系。嗯……我好像听到你在问，那这条规则究竟是什么？又要怎么做？答案是你什么都不用做，除了不要过度期望金钱的力量，也不要为了希望得到快乐而消费。因为金钱无法给你快乐。你要是花大钱买全新的 BMW 车，或是其他奢侈品，你买到的不是快乐。当然，当你坐在崭新的宝马车上时会觉得棒透了，我不否认人们可以通过购物产生快乐的感觉，但是要清楚,快乐的感觉不是来自你买的东西,快乐本来就存在你心中。我要告诉你,金钱只能买走许多不愉快,它能做的只有这样。

## 16.理解价格和价值的区别

我曾和岳父讨教葡萄酒的知识。我在想餐厅里一瓶100英镑的葡萄酒，比起小店中一罐5英镑的葡萄酒，真的有好喝上20倍吗？

他对此的回答非常有趣。他说你付的不只是酒钱，这100英镑买的是餐厅气氛、服务、坐落的高级地段、餐厅的优雅格调、精致摆设、存放好酒的细心、服务生对酒的知识、周围衣着高雅的宾客、享受美味食物和朋友的交谈。

那瓶价值100英镑的酒根本不重要。这就是重点，我们自以为了解商品价格，殊不知附加价值远超过商品本身。

**我们自以为了解商品价格，殊不知附加价值远超过商品本身。**

我有一辆便宜的梅赛德斯车（我喜欢梅赛德斯汽车，但不想花大钱买新车，因为汽车贬值的损失很大）。大家都怕旧车常出毛病，维修旧车费用不低，但梅赛德斯车的品质良好，很少出问题。某天，一个朋友开着一辆新车来找我，那是一辆掀背式五门的现代小车，看起来很像迷你太空船。他看着我这辆梅赛德斯说："天啊，你混得不错嘛。"我试着跟他解释我买的是二手车，他的新车可能比我的二手梅赛德斯贵5倍，但他仍旧认为这辆梅赛德斯比他的新车有价值。我在那一刻领悟到价格和价值不一定相等。

顾客愿意付出的价格，才是商品本身的价值。一幅画可以贴上500英镑的价格标签，但是除非有人购买，画才会产生价值。商品价值并不等于价格，这点很重要。

如果你想做富人，愿意遵循本书所说的规则去处理实情的话，你必定得研究价格和价值之间的区别。

## 17. 了解富人在想什么

通过一个简单的测验，可以知道一个人将来是否会有钱，或是他们已经是富人。只要观察他们读报纸的习惯，尤其是在悠闲的星期天早晨。

● 注意他们读什么报纸。

● 注意他们读哪些版面。

● 注意他们哪一版跳过不读。

● 注意他们阅读版面的顺序。

你自己也测试一下，依据这四条原则，记下自己的选择。比起赢得乐透彩、继承家产（我觉得这是上帝给的乐透彩），或因婚姻而有钱的人来说，白手起家的富人会刻意选择下列版面：

● 选择较严肃的报纸。

● 选择较严肃的版面阅读。

● 跳过"无聊"娱乐性质的版面。

● 先阅读金融/商业相关的版面。

如果你认真想成为富人，你得先学习富人的思考方式。你要"反过来"学习，阅读以前不太涉猎的版面。假使你想很快就加入富人的行列，你要先学会他们的语言、专业、居住地、饮食内容、休闲和工作方式，以及如何投资和储蓄。简而言之，如果你想增加成功的机会，就得研究财富，试着和富人交谈，提问问题，培养对知识和见解的渴望。你也可从报道或自传，学到许多有关富人的知识。

你也可以选择阅读金融和经济书籍来获取有用的知识。我对你的阅读习惯一无所知，因此没办法推荐，请自行挑选适合的书籍。另外，网络上有很多线上报纸或是财经资讯，都可让你得到市场上最新的商业知识。

你会不会觉得这样好沉重？如果你和我一样也喜欢阅读八卦和经济版面，那你有钱的程度大概无法达到富可敌国的地步。我们还是可以勉强成为富人，不过可能人生会更有乐趣。有钱又有闲——听起来很不错。如果我们想要非常有钱，那可能要更热爱金钱。就像人人都要呼吸和睡觉，生活也是离不开金钱。如果想从财富大学毕业，我们必须努力学习。

**金融版或娱乐版——你选择哪个？**

## 18.不嫉妒他人的财富

我们设定好自己的目标，都有自己的雄心壮志；也认识到要多努力工作，才能成为富人。我们知道自己的极限，了解哪些事能做、哪些事碰不得。那么有什么理由需要嫉妒别人的财富？除非你知道他们的目标、愿意为目标付出多少努力，以及做多少牺牲。

当然，如果你要羡慕那三个幸运儿——中大奖、继承家产和结婚（或离婚）——我们都会嫉妒的。不然谁能平白成为富人，大家都得付出心力赚钱。那些白手起家的富翁都有创业志向和精神。他们比我们早起工作，勤奋地朝目标前进。嫉妒他们毫无意义，向他们学习对我们来说才有着不可估量的价值。

**嫉妒富人毫无意义，向他们学习对我们来说才有着不可估量的价值。**

富人的典范是他们给世界最大的礼物。在成为富人的路上，能有财富导师是再理想不过了。找一个你尊敬崇拜的人，一个享受人生、和善，而且正直赚大钱的富人。他会指点你、保护你、引导你走上正路，而且不会借给你钱，当然你也不会开口向他借钱。

如果我遇到一个非常有钱的人，我总是想马上找出他们成功的秘诀，而且评估这种方式是否适合我。我努力一点一滴地收集有用信息，帮助自己创造人生的巅峰。我只想用正确的方式达成目标，也就是合法，而且享受过程，对于此点，我总是谨记在心。

我觉得只要拥有和富人同样的做法，你有九成的几率做有钱人。

我有自己的财富导师，我严格遵守他在金钱上的教诲，要以利息的再生利息生活，我正朝着此方向前进。

以别人的成功经验作为振奋自己的力量源泉。不用嫉妒财富法则实践者，顺带一提，你现在也是法则实践者，你无须嫉妒！

## 19.管理自己比管理财富困难

那么，你对自己了解多少？相当了解、大概了解，还是一点也不了解？

我们以为了解自己，其实除非面临戒烟、减肥、重拾健康，或是赚取财富，我们才会察觉事实不然。我们会赫然发现自己是个懒骨头、意志力很弱、优柔寡断、不思进取、容易受人劝阻、很快会半途而废。

如果你想让我帮助你成为富人，首先我要知道："你有做富人的特质吗？决心够强吗？够努力工作吗？能否坚持到底？有没有毅力、骨气、耐力、勇气和百分百的专注？"你看，如果上面的条件都没有，我看不到你有做富人的机会。我不是要让你丧气，只是想让你清楚，赚钱技能是可以通过学习而获得，只有那些有准备并愿意努力学习、勤奋工作的人才可以学到。

## 你有做富人的特质吗?

如果你想赢得温布尔登网球赛,那可得从5岁开始练习打球,到14岁以前,每场青少年锦标赛都要夺冠。要成为富人也一样,别指望肥胖的中年人突然赢得总决赛。

学生时代的我经济状况很不好,有一次穷到没饭吃,我卖掉一本很有价值的书。那一刻,我面临要保留很有价值,未来可能让我致富的书籍,还是卖掉换来饱餐一顿的两难。你懂我的意思吗?那时我选择了成为穷人而不是富人。最近我在书店里又看到这本书,我真是懊悔当初错误的决定。

我注意到富人刚起步时都有强大的驱动力,也愿意做出许多牺牲。他们要的是未来更大的收益,他们有足够的自制力,不被眼前短暂的利益所惑。自制力和延迟享乐是值得学习的艺术。

## 第二部分
## 获得财富

第二部分将带领我们进入黑暗、不可预期的领域。你要严肃面对接下来的法则，切实地实践。也请你好好审视自己的情况，做好规划，付诸行动。

你要成为富人便得对自己非常诚实，愿意为更大的财富投资时间和精力。接下来的许多法则，会要求你改变行为模式，这一点对任何人都不容易。一些法则可能简单到让你很惊讶，面对每一法则，你都要自问：也许我早就知道，但是我有做到吗？愿意实践法则，行动起来，这才是关键。

## 20. 先知道自己的出发点

向前冲之前要先知道出发点在哪，再说得确切一点，你非得知道不可。《鲁滨逊漂流记》的主角，克鲁索从残破的小船游到岸边时，他先检查自己剩下多少枪支、弹药和装备。了解之后，便能评估自己的情况，向内陆继续开拓了。

**向前冲之前要先知道出发点在哪。**

现在你正游向岸边，开始你的新生活。首先要评估自己的情形，知道手上握有哪些可用资源，哪些事物需要抛弃，哪些又该暂搁一旁。有没有负债、有没有人欠你钱、存款有多少，都要清楚。

我们要做一个全面性的审计，如果你不知道出发点在哪，如何有效率地成为富人。"工欲善其事，必先利其器"，聪明人在工作前，一定会先把工具准备齐全。

你要先搜集所有相关信息，诸如银行负债金额、信用卡账单金额、每月和全年总花费，还有你把钱花在哪里。

下面有一张检查表，不过你可以依自己的情况做适当修改：

先从大金额着手，计算出你的整体财务状况。

| 项目 | + | − |
|---|---|---|
| 房屋/房贷 | | |
| 信用卡 | | |
| 银行贷款 | | |
| 储蓄 | | |
| 年金 | | |
| 借贷 | | |
| 名下资产/如汽车… | | |
| 个人资产/如珠宝… | | |
| 投资 | | |
| 其他债务 | | |
| 净值总额 | | |

现在你已经清楚自己的财务状况，你要检视自己平常每月或每年

的现金收入和支出,选择一个容易评估的方式,但是必须以月或年为
单位。

| 薪水支出 | | |
|---|---|---|
| 项目 | 一 | 余额 |
| 薪水栏 | | |
| 固定支出(如:保险、饮食、账单、会费⋯⋯) | | |
| 流动支出(如:购物、节庆支出⋯⋯) | | |
| 总支出金额 | | |

这张表不一定适合你,只是给你提供一个概念。即使你的财务状
况不乐观,也不可以跳过这个审核表。面对现实才能积极处理问题。

## 21.制订计划

　　为什么愚蠢的人容易失去财富？因为他没有制订理财计划。你如果没有计划，会容易受到诱惑而随意挥霍金钱，不会把钱省下来投资或是规划职业发展。如果你已经制订周详计划，便会清楚什么是应该的，什么是不应该的。

　　上一个法则帮你分析起跑点，你也知道自己的目标。计划的重要性在于知道如何达到目标。回到鲁滨逊的故事，在他检查完装备后，他接着计划在沙滩上建造一个遮风挡雨的地方，还要找到食物。他用茅草盖了一个简陋的草屋，但是一阵大风便把草屋吹翻了。他只好躲到小岛内的山洞。我们从这个小故事可以知道，即使计划周详，遇到困难时还是得调整修改。

**计划的重要性在于让自己知道如何达到目标。**

重要的事先做。如果你喜欢现在的工作，那应该不会想中断；但如果这份工作的薪水不高，那你要计划用别的方法增加收入。如果你的工作让你痛苦又收入不高，那第一要事就是赶快换工作。

你的计划要包含财务管理，如果你债务缠身或是入不敷出，一定要下决心处理。这个计划可能需要你转换工作、着手新事业、投资或是募集资金，买房子做房东，不然也可以考虑做生意。做生意容易赚大钱，不管是卖商品、服务或是你的时间和技能。这是我喜欢写书的原因，当我睡觉时，书店还是在帮我卖书赚钱。事实上，财富——真正的财富——是从交易得来，而非薪水。

如同巴顿将军所言："为今天做个好计划，胜过明日制订完美的计划。"不管你要做什么，一定要先计划，坚持实施它。本书会给你很多想法和建议，让你知道如何规划。只要记住：绝对不要懒散不想动，等着别人给你钱。

## 22. 做好财务管理

　　最近"水管禁令"事件正在英国闹得沸沸扬扬。如果你住在别的国家，可能无法理解这件事，老实讲我也是。在英国，有几家水公司可以从水坝接水到住家，提供居民自来水服务。最近很少下雨，因此，水坝的水位很低。但是如果你住英国就知道，这里总是在下雨，所以，许多住户不断抱怨水公司不修理老旧水管，导致漏水问题严重。水公司要求住户这阵子不可以浇花，但居民们认为水很够，并没有缺水问题，要他们因为水公司不修水管而不能浇花，实在没道理，也不公平。那么，为什么我一开始要说这个呢？

　　你可能收入丰厚，但是在你需要它们的时候却已经通过各种途径流失了。例如税金、利息支出、不当投资，你的钱都浪费在错误地方。在你做好财务管理之前，要先堵住乱花钱的漏洞。

**在做好财务管理之前，要先堵住乱花钱的漏洞。**

如果你已经遵照法则20，知道自己的出发点，现在你手上应该有一张信用卡结算表。金额会高到你不敢承认吗？很有可能。我们不断被鼓励用信用卡消费，在没有付现的状况下，消费金额很容易节节升高。

快速计算一下，你每月付出的利息水平是多少。不要因为自己的疏忽，而付出更高的利率。你可以和银行商谈降低信用卡利率，找出对自己最有利的方法。

每项支出都要记录下来，没错，每一项。至少连续记录一周，找出漏水处。如果你想要成为富人，首先要知道自己的财富流向哪里。如果你以为这是一本快速致富的书籍，或是我让你觉得赚钱容易，我很抱歉。但是你一定要坚持下去，之后你会很庆幸自己这样做。

当你实施财务管理时，要小心容易被忽视的事项。譬如直接扣款的账单、俱乐部每月缴交的会费、订购报纸杂志……富人的目光犀利，是不会漏掉任何一项细微的部分。

## 23. 保险金的受益人通常不是你

成立保险公司的目的就是要赚钱，即使不是每种产品都如此，至少整体来说是赚钱的。那这些钱要从谁身上赚取？当然是从你我这些客户身上。假设你买一份每年要付 100 英镑保费的保险，期限 10 年，最后付出的总额为 1 000 英镑。然而保险公司会确保支付给你的金额一定少于 1 000 英镑。也就是说，你从保险公司获取的医疗给付或各种赔偿金，都会少于你付出的保险金额。

这是保险公司赚钱的方法，跟购买的种类或是哪家保险公司无关。而且他们还有一大堆行政费用、管理费用、营销费用……名目繁多，这些费用都会算到你的保险费中。

事实上，大多数人从保险拿回的金额都不会超过保险费的 2/3，即使期限再长也一样。因此一些杂七杂八的保险，像是宠物险、房产险或是家电保险等都没有必要投保。

**大多数的人从保险拿回的金额不会超过保险费的2/3，即使期限再长也一样。**

但是有两种情况你可以从保险中得到较多的好处。第一，当然就是车险，而且这是法律上的必要保障，因此你不得不保。

另外一种保险是在发生事情时，为银行存款不足带来保障。假设你没有保宠物险，要是它们突然生病或意外需要开刀，而且手术费用高达1 000英镑时，你要临时去哪里筹这笔钱？如果筹不出钱来该怎么办？那么，也许多花一点钱买保险，至少可以高枕无忧，换来夜夜好眠。即使这个月很吃紧，也不用担心没钱送不小心吃鱼骨头卡到喉咙的爱猫小咪去开刀了。

有几种保险很难评断好坏，像医疗险，但是产险、宠物险或是家电保险就很简单明了。你不用担心洗衣机坏掉怎么办，最多就是损失一台新洗衣机的钱而已。你买得起一台洗衣机吗？如果可以，就别把钱浪费在家电保险了。

你算过自己一个月要缴多少保费吗？现在就算算看，想一想如果你不把这些钱放到保险里，你可以拿来做什么投资？即使只单纯放在银行，至少都可以生点利息。

想要累积财富的精明人便会这样做，如果他们担心买保险会有所损失的话，他们宁愿解约，然后把这笔钱按月放到银行账户。即使突然有鱼骨头卡在喉咙，或者洗衣机坏掉，还是有其他问题发生，他们都不用担心，因为钱早就安稳地放在银行里了。这笔钱是为了意外而存，但还是他们的钱，不会被保险公司吃掉。而且会放在保险公司口袋的那1/3仍旧是你的，随你高兴怎么花都行。

## 24.看起来像富人，才能成为富人

有一次我在求职公告栏前，看到一个穿着邋遢，满脸胡茬的人，上衣的连身帽拉到头上，双手无精打采地插在裤袋里。感觉上他会穿这样去面试，然后失望而归。他可能会抱怨连连，认为世界不公平，为什么没人帮他，人生糟透了。

我曾经面试过许多人，结果经常让我失望。他们毫无准备就来应试，事先没做任何功课，对这份工作也没兴趣。我问为什么你想加入这家公司？"嗯……我不知道。"那你来做什么？"嗯……我不知道。"

我努力避免成为一个老古董，但是我无法不注意到，缺乏努力是得不到成果的。看看可怜的穷人，不是他们想要这样，但是他们的外表往往已注定了失败。如果可以改变外表，人生就会改善，因为旁人对待你的方式会不一样。人猿进化到人类时间并不长，他们之间的关系就取决于他们各自的行动和外貌。人类也会以相同的态度，对待看起来懦弱贫穷的人。健康强壮的人都是一派自信，一副趾高气昂的样子。我们都应该看起来有自信、抬头挺胸。

**你看起来应该是健康强壮、充满自信。**

但是，我们怎么买得起富人的服饰？拜托，别就字义直接解释，请作点延伸和联想。人猿可不是靠高级服饰得到族群的尊敬。你走路的姿态比穿的衣服重要，这是你的整体形象。

但不表示你可以随意乱穿，每个人都可以光鲜亮丽。跟亲朋好友借一套体面衣服，或是趁着促销买一套好西装（千万不要在平常时用信用卡先付账）。我第一次去赌场面试时，向慈善团体借了一件很棒的西装外套，双排扣、大的缎面翻领，还有一个正式的领结。我打了好几个小时，直到领结看起来正确为止。那晚我看起来就像詹姆士·邦德，绝不是只菜鸟，不过面试官觉得我一身行头过于戏剧化。后来我只好到繁荣的购物区，买了一套简单大方的黑西装。虽然我穿过头了，但是我穿着时髦，一副鹤立鸡群的模样，一点也不脏乱邋遢。而且即使我不够资格，我还是得到这份工作。穿着真的有帮助，穿得像富人，大家会以为你有钱，而且待你态度恭敬。学习富人的穿着，他们的风格和等级。看起来像个穷人，你得到的就是穷人的待遇，你做什么都黯淡无光。是啊！富人畅行无阻，但是你却不行，我也不能。

我们要看起来低调但是高雅。有质感、简单又经典的样式是有钱人的穿着习惯。一个好发型、干净的指甲……

## 25.通过投资累积财富（不是赌博）

　　我们都知道某演员因为演出好片而一夜成名的故事，大家会说这些人真幸运。你也这么想吗？他们读戏剧学校3年，求学阶段积极参与演出、在可怕的肥皂剧中玩命工作、在全国巡回表演的舞台剧上挥汗卖力、在圣诞节庆典的童话剧中饰演南瓜，即使是临时演员，也不放过任何演出机会。终于在好剧本中得到那个角色。

　　这时候人们都说："你真幸运！"这跟成为富人有点像。你努力打拼多年、省吃俭用牺牲享乐，突然被幸运之神弹指一变，成为富人。

**　　你努力打拼多年，突然时来运转。**

　　真相是你必须靠着投资来累积财富，要置身其中才能赢得先机。如果你不下赌注的话，就没有赢的机会。我可不是建议你去赌博。如果你能投资股票，接受专家明智的建议、仔细研读上市公司的业绩，这是最安全的赌博方式。

　　你把全部的赌注都压在股市上，这才是高风险赌博。但你若是辛苦打拼20年而获得成功，绝对不是赌博。

　　投资在这里有四个意思：讨论、深度思考、投资、对不是很明朗的局面选择相信。这是我对成功获得财富的结论。

　　●探讨：和人们讨论财富相关议题，听取他人想法和做法，密切观察富人。

　　●深思：了解你的观察对象。

　　●投资：投注时间、精力和人生去做投资。

　　●对不是很明朗的局面选择相信：投资有风险，不保证一定赚钱。但是你要遵守别人为你归纳出的财富法则，在这样的情况下，你应当能够降低风险发生的几率。

　　我知道你会觉得，我竟然要你把辛苦钱拿去做投资。但我不是这个意思，我是要你投注时间和精力去判断，要做功课、要有计划。你投入越多，回馈也越多。

当然，你要把钱都压在股市上也可以，这只是开玩笑。

## 26.面对风险的态度

我不认为只有高风险投资和创业才能赚大钱，也不觉得小心守住每一分钱是好事，两者都不是我的完美选择。

一切取决于自己愿意承受风险的程度，我不应该直接告诉你，你得决定自己面对风险的态度。我个人是蛮喜欢游走法律边缘、高风险的投资想法，但是我一向趋于保守，不敢大胆冒险。我发现有些保证在短期内回收数倍财富的高风险投资，看起来很吸引人。但是我不会承担这种风险，我的孩子还小，我还要养活我的孩子，他们对我来说最重要。

**一切取决于自己愿意承受风险的程度。**

一旦你确定了你对风险的态度后，便容易计划下一步。你可以为自己量身打造财务规划。像是龟兔赛跑，你可以以兔子的速度快速向前冲；也可以和乌龟一样，一步一步稳健地前进。你对风险的态度也会依照不同方案而有所改变。你需要考虑的因素如下：

●你的年龄：年纪轻能够承担的风险较大。

●家庭状况：如果你像我一样家有小孩，你要更谨慎。当他们成年离家外出打拼后，也许你可以承担更高的风险。

●收入/资产：要计算出自己愿意承担风险的比例，收入越高资产越多，投资金额占资产比例相对较低，便无需承担太高风险，除非你要加码放进大笔资金。

下面几项建议，可以帮你降低风险。当然，若你想买保险来保护自己，也是不错的选择：

●不要把全部鸡蛋放在同一个篮子（后面会有更详细的说明）。

●思考自己能承受多少压力和刺激。

●考虑投资时间的长短，以长期持有对抗快速回收。

●考虑你能承担多少风险，想想最糟糕的情况。

●你掌握多少信息？信息越少，风险越大。

　　你还要考虑自己对人生风险通常如何反应。人生本来就充满变数，事情发展不如己意时，你要如何处理？是正面积极，还是陷入悲观沮丧而无法振作？要清楚自己面对不如意的态度和反应。风险不一定不好，它真正的意思是，你不知道后面的结果是什么而已。

## 27.评估投资风险

我们都知道，投资风险越高，利润可能也会越可观。换句话说，低风险所换来的就是低报酬。

不过也得考量自己要选择哪种投资。承担不起高风险时，该怎么做？有没有其他也可以提供高报酬的投资？还是如果不承担风险，就赚不到多少钱？

**要考量自己是否有其他选择，不承担风险的结果是什么？**

例如，假设你想要投资新兴市场，以赚取更高利润。但是你也可以把钱放到稳定的已开发市场，选择"应该"比较有保障的投资（我只有说应该……但是不保证)。首先你要评估开发市场的利润？有时候，利润可以高达 8%，也可能低到 0.5%。要是目前的投资报酬率很高，那么就不必要投资新兴市场承担高风险；要是利润很低，选择新兴市场来赚取较高利润会是较好的投资。

这种评估投资报酬率的方法称为"风险溢价"（risk premium），是指人们在投资风险较高的标的物时，会要求较高的报酬率，以弥补所承受的高风险。不过，这种术语你可以看了就忘，我写来只是想说也许读者有兴趣知道。通常这样的投资方法是用在短期投资，并不适用长期，因为很难准确预测市场的走向。

在 2007 年，储蓄利率是 7%，反观股票市场，股价却不断下跌，因此，投资股票或是债券就不适合，因为投资报酬率太低。但是当储蓄利率下降，股票市场便开始向上攀升，这就是投资股票的好时机。因此，不能单看投资本身的报酬率，还要衡量其他选择。

## 28.不和不信任的人做生意

　　一条很简单的道理：不要和我们不信任的人做生意，我没有更好的建议了。这也包括公司、法人团体、政府组织……你说得出来的都算。为什么我们无法产生信任？因为心中有个警铃响起，提醒自己要小心。有时候会看到明显不妥的迹象，但大多数这些迹象都很模糊。这个法则要我们学习的是，倾听自己的直觉和内心的声音。

　　学习倾听自己的内心，如果你觉得不对劲，不要犹豫，转身离开。你的潜意识会觉察这些无心流露的线索，若是忽视内心警告，日后一定后悔。我就后悔过，我想大家都有类似的经验，前几天我差点又犯了同样的错误。我认识一个狡猾的车商，我知道他不是正直的人，卖的车子大概也有问题，但是我喜欢他手上要卖的那辆车。因为喜欢那辆车的缘故，我漠视心中警讯，几乎要签下合约。幸好在签约之前，我打了通电话给朋友，他说服我不要签约，真得感谢他。

这个法则可以扩展到其他情形。例如："若是不相信老板或上司，那别为他工作"；"如果不信任这个保姆，不要把孩子交给她照顾"；"如果不信任这个理财顾问，换另一个"。

你可以选择自己的行事作风，但如果你想遵守财富法则，你要有主见，为正确的事挺身而出，绝对不要退而求其次。相信自己的直觉，成为最强大、最有胆量、最勇敢的人。如果你觉得事有蹊跷，你的直觉有可能是对的。如果你不相信要合作的对象，那另寻出路。

英国人喜欢说：如果它走路摇摇摆摆像只鸭子，叫声也像只鸭子，那么它很可能是只鸭子。这时候最明确的做法，便是赶紧捉住钱包，转身快跑。

**相信自己的直觉，成为最强大、最有胆量、最勇敢的人。**

## 29.做富人永远都不迟

很多时候我们总是相信命运天注定，或是怪自己怎么不在二十几岁就开始存退休金，现在存已经太迟了。亡羊补牢，犹未晚矣。只要愿意，你可以改变人生，做有钱人，永远都不迟。

再看一遍法则1——人人都可成为富人——不因为年龄、时间而受限。只要你想成为富人，事情就会朝这个方向进行，宇宙会呼应你的请求，应允你的心愿，当然自己也得努力。要成为富人的想法，像启动了财富的转轮，成功必定在不远处等你。

我不是胡说八道，这是宇宙定律，只要你愿意转移注意力方向就足够了。

无论你在贫穷、失败……的道路上行走多久，改变方向并不费工夫，也永不嫌迟。就像大型远洋游轮，需要较大的距离才能让它停下来，但是改变方向，只要稍微调整舵轮，几里后你的方向已经完全不同。

　　大多数的情况，包括赚钱，都有分界点。例如轮船，当你设定不同方向，一开始也许看不出改变，但一阵子后便会日行渐远，距离也会拉大，有点像复利钱滚钱的方式。

　　对于投资来说永远也不会太迟，不管是股票、股份、退休金，还是自己的外表和内涵，只要你保持觉醒和活力，拒绝老化，便不会成为死气沉沉、冷漠无情的人。我岳父在75岁时开创一个新业务，而且是一般50岁以上的人都会觉得复杂难懂的新兴科技业。

**　　对于投资来说永远也不会太迟，不管是股票、退休金，还是自己的外表和内涵。**

　　但是，如果你觉得一切已经太迟，我也不想反驳你。成功的秘诀在于自己认为永不嫌迟。如果你觉得自己容易半途而废，那你大概会这样做，所以千万不要这样想。你看，我们要一起创造财富，我会全力以赴帮你达到目标。如果你让任何因素——年龄、性别、种族、能力——阻挡你，那这场球赛注定会输。抛开成见相信我，做富人，什么时候开始都不算迟。现在就出发。

## 30.存钱趁早

　　对你来说从年轻时开始存钱可能已经迟了，也许你已错过年轻岁月，但你可以教育孩子，请学会这项重要的人生法则。我不是要你缩衣节食，省下每分钱，而是养成将多余的钱储蓄下来的习惯。如果你自行创业或是曾经破产，相信很快便学会节省之道。有收入进账时，要把税金先存起来，以免到时捉襟见肘。如果你存下更多钱，缴完税后，余额就变成存款。练习存钱一两次，习惯会成自然。

**　　养成将多余的钱储蓄下来的习惯。**

　　我发现制定一个数字会省事许多，我自己是设定收入的五成，不用每次有进账，便要浪费时间计算税金。五成里面有些用来缴税，剩下的就是储蓄。累积一阵子后，我会全部转到利息更高的账户，等存到一定金额，就投资到退休基金。

这对于我来说是一种赚钱的简单方法，不用费太多心思，我也教育孩子收入分为"一半一半"的理论，一半做日常花费，一半预存起来，这应该不难。我希望孩子可以及早养成储蓄习惯，当他们上大学或是有其他需要，就不用烦恼。

我很希望自己在年轻时，有长辈教我养成储蓄习惯。很多有钱人说，他们从小就被灌输财富管理的观念，看起来这些观念对他们大有助益。

我饶有兴趣地观察我的三个孩子是怎样理财的。我认为花钱、存钱的态度受天性影响较多，我对他们进行了一样的理财教育，但一个很会存钱；一个花钱如流水；一个则对金钱漠不关心，不爱花钱也不会想存钱。

我坚信从小教养可以改变不好的天性。什么都不做，只会批评他们一点用也没有，你必须改变这种局面。虽然从小没人教我要储蓄，但是我勇于承担责任并在这方面加强培训。很显然，除了保持整洁，这个习惯很难养成。

## 31.根据人生阶段调整财务规划

在人生不同的阶段，你会有不同的策略和重点。不同文化对人生有不同的期许，例如，20 岁以前，可以尽情体验人生，完成教育；20 到 35 岁之间结婚，养育小孩；35 到 55 岁自行创业，发财致富；55 岁之后要从工作岗位退休，追求心灵成长、修身养性。

**在人生不同的阶段，你会有不同的策略和重点。**

一般来说，财务规划也会随着人生阶段的变化而改变，根据不同需求和生活方式做调整。生儿育女需要更多钱，在这个阶段，你才有能力应付一些生活中的小意外。

孩子上大学时，你需要更努力赚钱，才能让他在同学面前抬头挺胸。到了退休年纪，花费会大幅降低，除非你打算来个高大上的环游世界之旅。

这个法则会帮助你检查自己的人生阶段，还有现阶段的需求。了解后，你要为人生各个阶段作好准备。

将你的处境事先规划对你很有帮助。譬如说，你想要将所有储蓄放在一项长期投资，先想想看，近期内是否会请产假，或是打算退休后去环游世界，这项投资会不会阻碍人生规划。要通盘思考，预计未来的需求和变化。

让我们再快速评估一下：你现在处于哪个阶段？需要多少钱？下一个阶段是什么？你将会需要多少钱？

## 32.努力工作做富人

我无法用文字形容我对这个法则的强烈感受。我观察那些真正的富人，发现几乎每个富人都是竭尽所能，才得到今天的财富。他们从早工作到半夜，为了达成目标做了许多牺牲。午餐时间只作短暂休息，晚上回家不看电视，不浪费一点时间，因为他们知道金钱不会平白无故从天上掉下来。

**几乎每个富人都是竭尽所能，才得到今天的财富。**

如果你也认真想成为富人，那一定要和这些人一样卖力工作。你要努力工作成为非常富有的人，才不用努力工作。这段辛苦过程是逃不掉的。

那么，你有多认真、多投入工作呢？现在是分出谁是赢家，谁是输家的时候了。

还没合上书？非常好，我就知道你意志坚定。如果你已选择好正确方向，准备付出一切心力，应该会成功。也许不会立竿见影，过程中也需要诸多调整，但只要你奋力工作，一定会达成目标。我怎么会知道这些？因为我亲身经历过。我不是要嘴皮子功夫，也不是在说教（我希望你不觉得是），我只是个穷小子，但我从早到晚认真工作，审慎选择我的方向，现在我成功了，我是富人，就是这么简单。表面上我好像很幸运，但那是我让事情看起来如此。在我的工做法则中，我规定自己要看起来冷静、悠闲、毫不费力。我可是常练习，才有如此气定神闲的样子。我经常在大家睡觉时回办公室工作，或是一大早进去处理公事。别跟其他人说，我喜欢看起来一副好逸恶劳的样子，让别人以为我是大懒虫、不食人间烟火，即使是颓废的无业游民也没关系。但真相是，我工作起来是个不折不扣的拼命三郎，你也必须一样。

让我告诉你加入富人俱乐部的秘密：第一，你要卖命工作，像生命都靠工作维持，像为自己工作，没人看管也要努力工作。第二，你要享受工作，如果工作是苦差事，那你不会想做。

让我再讲清楚一点，这个法则不是说不管你做什么，只要卖力工作，都会成为富人。领最低工资的清洁人员，再怎么卖力工作，把每个角落打扫到闪闪发亮，也不会成为富人。但如果自己成立清洁公司，开拓新客源，努力工作并确保员工素质良好，工作开心有活力，那他大有可能成为富人。

我这里想要说的是，即使你有很棒商业构想，或是有钱投资，但仍需要努力工作，聪明谨慎地管理事业，才能从中得到最大回馈。"要怎么收获，先要怎么栽"的道理永远不会错。

## 33.学习交易的艺术

经营买卖很不错，是赚钱的好方法。简单的交易技巧可以让你受益终身。你要学会在交易中大胆、索取更多，用你有的东西换得想要的价码。

下面是一个交易成功的好例子。凯尔·麦唐纳（Kyle MacDonald）是个加拿大人，他用一个红色纸夹，在9个月内换到一栋房子。你可以上 http://oneredpaperclip.blogspot.com 读到更多精彩故事。他是怎么办到的？

1.他在自己的网页上发布，让网友知道他愿用纸夹交换任何东西。

2.纸夹换到一支绿色、鱼状的笔。

3.笔换到一个印有笑脸的门把手。

4.笑脸门把手换到携带方便的烤肉架。

5.烤肉架换到轻便型发电机。

6.发电机换到一桶啤酒和一袋舞会用品。

7.这两样东西再换到一辆雪地汽车。

8.雪地汽车换到一趟英国哥伦比亚之旅。

9.旅游招待券换到一辆卡车。

10.一辆卡车换到一份录制节目的合约。

11.录制节目的合约换到一栋在美国科罗拉多凤凰城的房子，虽然只有使用一年的租约，但是很厉害了。

11个步骤，11个小小的交易，成果很不错。他说要继续换下去，直到拥有一栋房子为止。这就是交易买卖的乐趣。

让我们讨论一下可以从麦唐纳的经验中学到什么：

●绝不说自己没有任何的资产。

●永远对机会敞开双臂。

●适应力强，灵活有弹性。

●有目标。

●努力工作。

●积极拓展人际网络。

●利用免费的广告宣传。

我喜欢"互利合伙关系"的生意方式。双方都能从中获利，大家对结果满心欢喜，是最好的买卖。

## 你拥有什么是别人想要的？

你拥有什么是别人想要的？以宽广角度思考，不只像红色纸夹这种实质资产，还有你的技能或是知识等都计算在内。想想，谁会需要你的时间、能力和服务，而且愿意付出报酬？

## 34.学习谈判的艺术

　　如果你要进行一项交易或者交换，你要学会谈判的技巧。谈判的核心思想，在于让对方觉得他们和你获利相当。

　　我喜欢谈及合作关系，这是我做生意的方法，也是成功致富的诀窍。为了使自己有钱而踩在别人头上，或是要成功而不择手段地导致他人失败，都不是好途径。我觉得共同获利是做得到的，没有人想亏本。我希望向我购买的客户能够获得利益，他卖得好便会再下订单，我在业界名声也会扶摇直上。互利合作让我心安理得。

　　良好的谈判艺术对你有好无坏，不管你是谈加薪、谈合作，还是跟孩子讨价还价，要给多少零用钱。如果你很会谈判，事情会顺利进行，大家都对结果满意，这就是双赢。

　　下面有几项谈判法则，你要谨记在心：

●知道自己最后的底限。

●清楚自己要什么、想达成的目标和成果，不然谈判没有意义。

●以双赢为方向。

●要记得谈判不只针对你要的东西，里面也包含着很强的情感因素。

●清楚事情的重要性，有些你可以放手不计较，有些一定不能放弃。

●要有心理准备，知道哪些事可以放弃而保全另外的事情，要灵活有弹性。

●谈判前搜集越多信息越好，信息和知识会给你强大的谈判力量。

●不仅要倾听对手说什么，对于无声的语言也要仔细观察——他们的肢体语言和脸部表情。

●全程要保持冷静和耐心。

●签约前要谈到自己满意的程度，不管你喜不喜欢谈判结果，没有人在签完后愿意重新谈判。

●在谈判前找出对手要什么（他们的目标和愿意让步的空间），

但是不要露出自己的底牌。

●不要直接让步，要有交换条件。制造变数——折扣、运送、付款条件、交货时间等。

●一开始就提出最好的要求，再退而求其次，对方不可能越谈给你越好的条件。

不管是工作面试还是人际关系，我很惊讶人们老是急着谈判，却不事先做任何思考或计划。他们不知道自己要什么、对方（老板、工作伙伴、爱人、子女或任何人）的期待是什么，或是双方应该达成什么共识。讨论是谈判的基本，把事情摊开来讲，不要制造模糊空间，自行猜想对解决事情没有益处。

**如果你很会谈判，事情会顺利进行，大家都对结果满意，这就是双赢。**

## 35.小节约让你痛苦，不会让你变富

这是小处聪明，大处糊涂的道理对吗？我倒不认为，我觉得想靠节俭成为富人一定会失败。节俭给你的是痛苦，不是财富。天天以痛苦为开端，只会痛上加痛。你需要一顿丰盛的早餐和正面的态度。改掉每天必喝的卡布奇诺，可能会减少体重和咖啡因摄取量，但不会让你变得有钱和快乐。

**放弃每天必喝的卡布奇诺，不会让你变得有钱。**

那么，当个一毛不拔的守财奴是谁想出来的？我觉得是苦行僧做的好事，他们认为有欲望就有错。节俭会让一些人感到踏实、心满意足，如果你不是这种人，不用禁止自己享受生活。

接着思考。我记得之前的法则说过：富人的眼睛如老鹰，你要防止钱财流失。这两件事不能等同视之。财务步上正轨是好事，你要小心不要因为疏忽而流失金钱，但也无需放弃让生活更丰富的小乐趣。任何事情都有极限，不要过度禁锢。如果买不起，那少买一些，但要买好品质。为了购买梦幻逸品你要尽力节省，或是说服自己没有购买的必要。但不要以为放弃生活的小享乐，会增加财富，它只会让你陷在贫穷的泥沼。

脱离贫穷的恶性循环和思考模式，才是成功致富关键。

富人不靠省吃俭用存钱。有些富人是挺吝啬的，需要用铁锹才能打开他们的钱包。他们不乱花钱，但不表示会放弃一天一杯咖啡的享受，或是购买便宜果酱。

就像减肥一样，如果什么都不能吃，生活没有乐趣，减肥很难成功吧。小小的放纵是前进的动力。你看，有谁会像我一样告诉你这些道理呢？

## 36. 想赚大钱就要做生意

这条法则并不是说受雇于人，就无法成就大财富，工薪阶级还是有可能成为富人（请看下一条法则）。当然，财富的定义因人而异，这一点我们在法则 2 已经讨论过。也许在追求财富这场竞赛中，你并不想成为第二个比尔·盖茨，但我相信，如果买房子不用贷款，每年能和伴侣出国度假，银行账户还有不少的存款可以应急，或是留给小孩，一定会让你既开心又安心。如果你想要追求的仅是富足的生活，那么把时间卖给老板，或是自由职业者，让生活能够优越无忧的话，那你就算是富人了。

像律师、医生和理财顾问等专业人士，就是很好的例子。他们过着非常舒适的生活，让许多人羡慕不已，但他们绝对无法跻身富豪行列，除非继承一笔很大的遗产，或是本业之外还有其他事业。

**想赚大钱，一定要做生意。**

想要获取真正的大财富，你一定要做生意。法则33会教你学习如何做买卖，并不是在开玩笑，因为这是成就巨富的唯一途径。看看世界富豪排行榜上的那些人，没有一个是受雇于人或是自由工作者，他们都是生意人，不管是卖电脑、飞机座椅、银行服务、车子还是办报都一样。

不过，请别急着辞掉工作，至少再撑一段时间。也许你可以在工作之余另行创业，等到不需要白天的收入后便可以辞掉工作；或偷偷计划一下如何自立门户。但如果你想成就真正的财富，总有一天得辞掉工作，为自己开创一片天地。让我再次重申：想赚大钱，一定要做生意。

## 37.受雇于人不一定无法致富

　　我们通常认为靠挣工资很难变成大富翁，只有企业家才有致富的本事。受雇于人工资再高也是有限的，但还是有人靠薪水发迹。

　　也许比起自行创业，受雇于人是最适合你的赚钱方式，这样我们就不用为自己经营业务而操心了。有许多人在企业中做得很好，像我一个做保险的朋友，靠着丰厚的佣金，成为非常有钱的人。他说如果自己开公司，还不一定能做得比现在好。

　　很多人选择成立电脑承包公司，认为可以赚大钱。有些人做得不错，但一定要有源源不绝的订单，订单中断时，可能落得比领薪水还惨的情况。有人的性格适合自行创业，社会上有许多这样白手起家的富翁。

　　我想最好是保持开放的心态，不要被自己的臆测影响。如果认为自己不适合创业，也不要勉强，这样人生会不快乐。稳定的工作也许对你更好，你应当坚持自己的工作。

**稳定的工作也许对你更好，你应当坚持自己的工作。**

反过来讲也是相同道理，自行创业可能会成为富人，也有可能不会。将近2/3的公司，在成立3年内倒闭。看看周围，你会发现很多小型公司正面临岌岌可危的情况。两种决定都没有绝对的结果。自行创业较容易赚大钱，但不是每个人都能成功。你要谨慎评估，生意方向正不正确、市场有无足够需求支持你的营运、创立的时机点好吗、你能投入大量精力营运公司吗……太多因素需要审慎考虑。

本书没有太多时间分析自行创业的利弊得失，我只能说为自己辛勤工作，比起受雇于人更加有趣。但开业的目标不在自由，而是创造财富，因此，要以开放的心态来思考究竟哪一种方式才能让我们更快地实现我们的目标。

受雇于人还是自行创业？完全决定于哪个能让你最快、最轻易致富。你也可以开创副业，不必靠白天的工作成为富人。

　　秘诀在于不要封闭自我，对任何赚取财富的机会都要张开双臂。受雇于人不表示不可以开网店，或是购买房子出租赚钱。

## 38. 果断决定去赚钱

如果你正航行在大海上，突然遇到狂风暴雨，这时你绝对只想赶快找到安全的港口靠岸，一定不会考虑那里有没有喜欢的餐厅、便利的淋浴设施、停泊费贵不贵。你不会三心二意，只想远离暴风圈，而且还会感谢港口有停泊位置，那里有你真正需要的东西——安全。

赚钱跟航驶于大海很像，有时候你必须采取行动，只要行动有报酬，总比什么都不做好。这听起来一点也不复杂，我很讶异很多人却不能把握当下。他们会想"我随后会决定如何用我积攒起来的这点钱做投资的"，结果什么也没做，任钱闲放在账户里不赚任何利息，更糟的是通货膨胀会让钱贬值。

你不要想太多，不用太认真想，甚至什么都不要想。日本武士靠着简单的信念活着——没有犹豫、没有怀疑、没有意外，也没有恐惧。这是最简单也是最棒的成功策略。当你决定要完成一件事，就全心全意投入，放手去争取对你有利的事，不要害怕，赶快行动就对了！武士在打斗之前会双手握刀，绕着圆圈观察对方，然后在瞬间快步上前，在一阵激烈的刀光血影后，一切便结束了。其中一位武士必定会死，不然就是两个都死。绕着圆圈不是准备动作，而是要观察对手的破绽，这是年复一年的训练结果。一旦他们箭步向前攻击，可是招招快速直接，当机立断毫不迟疑。你的财务规划也要如此，要像刀片般锐利。

**当你决定要完成一件事，就全心全意投入，放手去争取对你有利的事。**

付出行动比什么都没做好，把握当下也比等待机会好上许多。譬如你做古董买卖的生意，你买了一个价值 10 英镑的盘子，市价可以卖到 30 英镑，有人在一小时之内出价 20 英镑，不要犹豫马上卖掉它，然后再去买两个 10 英镑的盘子，以同样方法卖出。

　　这是以量制价，让商品快速流通。迅速衡量眼前机会，评估利弊，然后毫不犹豫采取行动。

## 39.不要为钱工作

多数人为钱而工作，但不是每个人都会表现出来。如果有人看来不像为钱工作，他不是演技绝佳，就是真心享受工作。因为热爱工作，而辛勤付出，即使没钱赚也会继续工作。

当第二种人最好，如果你还没真心喜欢上工作，我建议你也要假装工作不是为了钱。当别人认为或是知道你很需要钱，那你的谈判空间会变小，容易任人宰割；当你看起来不像为钱工作，决定权就掌握在你手上。

**当你看起来不像为钱工作，决定权就掌握在你手上。**

几年前的一个工作让我很不开心，我讨厌那个工作，后来自行创业，可是没有投注全部心力，结局当然失败。但是，我一直在写东西，我是个职业作家吗？不算是。我写不出扣人心弦的小说，我希望自己的文采很好，可是还有自知之明，因此，我只写自己的所见所闻。我写作不是为了赚钱，不管有没有出版社愿意出版，我还是会写，因为我热爱写作，写作是我的生命泉源。写作和我密不可分，没有人拿得走。你知道写作让我多快乐？让我多富有？给我多少力量吗？

那么，你的秘密是什么？什么会让你觉得心潮澎湃？你的梦想又在什么地方？你要有强烈的情感，要做富人，便不容许有"我不知道"或是"我不确定"的答案。你必须要知道，你的答案要明确。为什么？因为富人都这样。他们知道自己的目的地，也知道抵达时要做什么。富人热爱工作，内心充满强烈欲望和决心，他们想要工作。

你可能会认为激情和决心是与生俱来的品质。也许是吧。但你可以模仿，通过学习他们的作为，成为一样有钱的人。不要像为钱而工作，要因为你喜欢这个工作，所以你专心去做。

## 40.量入为出

我很惊讶很多人会藐视这条重要法则，这是黄金法则中的黄金法则。做人要量入为出，控制消费，让自己有存钱的空间，才有增加更多收入的资本。（还记得兔子农场吗？如果卖掉全部兔子，便无法继续繁殖。）

这和法则35不相违背。你要量入为出，也要过好生活让自己快乐。如果赚的钱不足以你周周喝香槟，但是喝香槟会让你开心，那一个月喝一次也很好。

要了解和控制自己的财务情况，对收入和支出都要了然于心。之后的章节我们会讨论存钱和减少开支的方法，包括削减信用卡。信用卡是小恶魔，有时会故意捣蛋让我们感到沮丧。

你也要知道：

● 任何可能会发生的费用。

● 自己有多少应急存款。

● 预期的进账，例如利息或是到期投资。

这及时量入为出的一些因素，财务出现状况不是赚得少或花太多，这都容易解决。最大问题是不知道自己正在做什么，对财务现况不了解，也没有未雨绸缪。

**最大问题是不知道自己正在做什么，对财务现状不了解，也没有未雨绸缪。**

要量入为出可能有困难，但是你如果老是负债，赚的钱被银行吃光晞尽，何时才能成为富人？入不敷出的人一定很爱花钱，而且一周不止喝一次香槟。为什么纵容自己这样做呢？

你要清楚自己的周薪和时薪金额；也要监控花费，基本生活支出有多少——要知道把钱浪费在哪，自己在聪明消费和节省支出上又省下多少。只要收入大于支出，你便已经打稳正确的理财基础；如果支出大于收入，你得赶紧解决现状。

## 41.万不得已，不要借钱

这条法则非常重要，我一定得重复再说一次：不要借钱，除非真的迫不得已，即使如此还是不要借钱。除非有人愿意无息借钱给你、没有附加条件、不需房屋抵押、不会感情破裂——听起来太梦幻，现实世界中没有天上掉下来的礼物（或是免费午餐）。

借钱还钱，天经地义，而且连本带利，附加条件会阻碍我们成为富人。在事情尚未萌芽，便应该斩草除根。如果已经来不及，你得严肃以对，赶紧解决债务问题。

**借钱还钱，天经地义——而且连本带息。**

借钱不仅要还钱，还有贷款利息费用，利息侵蚀了我们的财富。

若是和亲朋好友借钱，还钱不打紧，你还会欠上一笔人情债，债务牵扯到情感，事情也复杂许多。

在作任何计划前，先偿还借款和负债，这是消除利息的唯一方法。我知道，很多人靠借钱创业，成为大富翁。我们都免不了开口借钱的情况。真的是这样吗？我有个朋友，和三个人合作开公司，大家各拿出 500 英镑作创业资金，15 年后卖掉公司，他们各获得 4 300 万英镑。没错，一毛钱都没有借。4 人不用跟其他人分享他们的财富。这跟爸妈从小要我们分享玩具是两回事。

我的另一个朋友，利用银行巨额借款创立公司，公司成功营运后卖出 800 万英镑，扣除偿还的本金和利息，自己所剩无几。不过他仍旧不吸取教训，又跟伦敦的银行借款成立另一家公司。但他说已经从上次经验学到很多，这次只借了 300 万英镑而已。

理财顾问通常赞成你向亲友借钱创业。小说家吉丽·库伯（Jilly Cooper）说，自己在借钱给朋友时总会格外小心，因为圣诞节见面，会很难拥抱欠自己 1 000 英镑的好友。不用欠到 1 000 英镑，只要欠我钱，我都觉得很难互相拥抱。

　　试着不和下面这些人借钱：父母、孩子、其他人的孩子、朋友、亲密爱人、陌生人、放高利贷的人、银行、信用卡公司、境外投资银行家，还有"我"。

## 42. 债务整合

很显然，如果能够不负债，那将是最佳状态。如果已经债务缠身，那付越少利息，可越快偿还债务。债务整合是不错的选择。如果你的债务情况复杂，例如有3到4家以上的信用卡欠款、银行透支又有贷款，还有其他零星的小额借款，你可以将全部债务整合到同一账户。剪掉信用卡（如果你要剪掉一叠卡片，可能需要工业用大剪刀）。我当然了解信用卡好用又便利，但是，别忘了，用传统的现金支付也没有什么不好。

整合债务之前，先提醒你别把短期债务变成长期摊还，整合债务的目的是要快速偿还债务。

**别忘了，用传统的现金支付也没有什么不好。**

下面有几项关于整合债务的好建议：

●我一个朋友写信给所有债主，说他愿意立即付清一半欠款，但是另外一半款项必须一笔勾销。令人惊奇的是，大家都接受他的提议，于是朋友向银行借贷还清全部欠债。他整合债务到同一个账户中，负债减少一半，又不用宣告破产，是不是很棒的做法。

●千万不要相信任何帮你整合债务的广告，那是给有闲钱浪费，又没有正确判断力的人看的。

●努力寻找免息的贷款方案，只找平常往来的银行，不一定有最好的利率，货比三家不吃亏。

●在任何情况下，千万不可用房子贷款。你很有可能因为无力付款而失去房子。我认为没有任何情况值得失去房产。

●要看清楚合约中的附注，是否有写到提早付清会有罚款的条件。

●只借一笔贷款作为偿还债务之用，以后不再犯同样错误，要吸取教训。

●越早还完越好，拖越久利息越高。如果你要借钱，以自己能够转卖的资产来借款，例如名下的送货车、机器，尽量不要借超过资产的变卖价值。

　●信用卡购买货品的情况可另当别论。当杰克·柯恩（Jack Cohen）创立 Tesco 超市时，他要求房东让他 3 个月后付房租，延迟 3 个月付货款。他每天从收银机存下一块钱，3 个月后他存的钱比要付的房租和货款还多。

## 43.培养赚钱的技能

俗话说："乐手可以决定演奏曲目"，讲得很有道理。但是乐手可以决定他收多少钱，如果他的演奏：

● 风格符合市场要求。

● 市场稀有。

● 特别难、独特性高。

培养好的技能、好的生财工具，以不寻常或出人意料的方式宣传自己。有独特卖点，打响自己名声，世界会为你打开丰厚报酬的大门。

只要你拥有别人没有，或是很少人有的能力，你就有资格为自己定价。只要有人愿意付钱，能力不用特别高深。还记得收取高昂费用，帮明星洗车打蜡的那个故事吗？（详见法则8）

你可以花10年时间接受教育和训练成为脑外科医生。成为如此专业的医师，不仅要花很长的时间，还要有天赋、决心、耐力和一双不会颤抖的手。我劝你把成为外科医师的想法放到一边，想想你还有哪些出众的才能、天资、强项和弱点。哪个才能刚好有市场需求，你可以加强？哪些人会需要你的才能？你要如何最好运用你的才能？如何替自己打广告？

**只要拥有别人没有，或是很少人有的能力，你就有资格为自己定价。**

对于你的这种特定技能，你不准说出：

● 不知道。

● 不确定。

● 想不出有什么才能。

● 才能不多。

● 我哪有什么技能？

别这么快泄气，每个人一定都有特别的才能，只要有人愿意拉你一把，你就可以利用才能来赚钱。人人都有梦想，要勇敢去实现。也许我们只需要一个指引，就能找出正确方向。寻求你的契机、转折点，做个大放异彩的人。站起身为自己追求梦想。

## 44. 还债最要紧

你每个月都会偿还信用卡账单吗？如果会，而且没有其他贷款或负债，那你真的很棒，你懂得不将钱浪费在缴利息的道理，已经占了很大优势。你可以跳过这篇，继续往下面的财富法则迈进。

现在社会鼓励民众先享受后付款，信用贷款或申请信用卡都很便利，导致许多人不能及时还清信用卡（有时不只一张）、信贷或是贷款。问题是债务让我们陷入困境，停滞不前。缴付利息就像肉包子打狗，有去无回（假设你借 20 000 英镑，根据贷款年限和利率高低，可能会让你付上好几千英镑的利息）。债务像是挂在脖子上的石磨，是难以摆脱的沉重负担。债务让你痛苦，不断在你脑袋纠缠，会影响到你的身体健康和财务状况。

## 债务让我们陷入困境，停滞不前。

毫无疑问，你的首要问题就是快速清偿债务，现在还谈不上财务规划。如果债务的利息费用是10%，你将钱存到定期存款赚5%的利息，这没有意义。按常理来说，借贷利息总是比储蓄的利息高。

我知道你可以借到很低的利息，做高额获利的投资，但务必听我劝告，你要非常、非常、非常小心。这是玩火行为，除非投资完全没风险（世上哪有这种好事）。还是那句老话，越快清还贷款/债务越好。

有些情况例外，比如你借钱创业或投资，你非常了解这个行业，也很清楚下的每一步棋，那没有问题，这里讲的纯指个人债务。

不管偿还债务有多困难，你要咬紧牙关撑过去。如果债务不止一项，那先还利息最高的那一笔。要知道短暂痛苦可以换来一生的快乐安康，哪有不执行的道理。

当你好不容易脱离债务的魔掌后，一定不会重蹈覆辙吧？（法则40，量入为出）。我对你有信心，你现在是法则的运用者了。

## 45.谋生不是致富

这很好理解，我们都得为了生存而赚钱。整日忙于工作的结果，便是忘记花心思在其他更聪明、更好赚钱的出路。通常，我们觉得应该利用宝贵的时间去做更值得做的事情，而不是紧盯自己的财务状况，或者制订一个迟到的改变人生或者职业的计划，而把个人财务事务搁置一边，我们中有多少人对此有内疚感呢？

我们绕着工作忙得团团转，却忘了工作的最终目的是要赚钱，赚到可以存在银行不动用的现金。你要记住，要做富人，得不时浮出你朝九晚五（还是朝八晚九）的工作水面，让自己有机会思考更大的格局，而且要采取行动。

许多人工作为了生活——没有这群工蚁，富人如何更有钱。这不代表他们剥削或利用劳工，只要有人选择以劳力换取工资，就有人懂

得把握机会，利用他人的劳力为自己赚取财富。因为这群聪明人懂得
浮出水面，思考大格局。

　　如果你赚钱不是为了生计，也不指望成为富人，那你一定是热爱
工作，不是吗？我不是在骗你。我们要做的是决定人生优先顺序，如
果你工作全为了赚钱，一定要赚越多越好，赚到我们设定的理想目
标，工作才有意义。

**　　如果工作全为了赚钱，一定赚尽可能多的钱，工作才有
意义。**

　　如果你喜欢现在的工作，但是无法靠它赚大钱，你要另开财源。
热爱工作是好事，但如果你也想有钱，可别一头栽在里面，一定要计
划、要用行动去创造第二份收入。

　　如果你讨厌现在这份工作，或是不满意薪水，那你要问问自己为
什么不离开？还有哪些工作可以做？最糟糕的情况是，你从工作中无
法获得成就感，收入也不好，但是你却忙到没有时间规划更快乐、更
富有的未来。当你埋头苦干时，财富和成功的机会正从你面前溜走，

你却毫无知觉。想象一下10年后你猛然醒悟，顿然发觉自己浪费多少生命，会有多懊恼。如果你也这样，赶紧卷起袖子做些改变，改变你的观念，把握今天。

## 46. 存钱有道

我常常认为，一次将一大笔钱存到银行，赚取利息是很明智的储蓄方法。我的朋友对这个说法嗤之以鼻，他认为涓涓细流的存钱方式效力更大。谁对谁错呢？

以逻辑的角度思考，假设我在50岁时，靠着做生意赚到20 000英镑，我花掉一半，把另一半存到银行，这样到65岁退休时会累积多少退休金？

我朋友每月只存10英镑，我个人觉得微不足道，但是他从20岁开始，从不间断。谁有机会拥有舒服的退休生活？谁还得拮据地生活呢？你心算一下，有答案了吗？算不出来，好吧，那你可以参考下一页的试算表，这是以年平均5%的利息计算。

看到了吧，我早告诉你我的存钱方式较好……不过好像没差多少。希望我的经验让你学到宝贵的一课。比起一次大笔储蓄，长期不间断的小额存款，更能保证你有个无忧的退休生活。

**比起一次大笔储蓄，长期不间断的小额存款，更能保证你有个无忧的退休生活。**

| 年度 | 朋友从20岁开始，每月存10英镑 | 我50岁才存第一笔钱 |
|---|---|---|
| 1 | £126 | |
| 2 | £258 | |
| 3 | £397 | |
| 4 | £543 | |
| 5 | £696 | |
| 6 | £857 | |
| 7 | £1 025 | |

续表

| 年度 | 朋友从20岁开始，每月存10英镑 | 我50岁才存第一笔钱 |
|---|---|---|
| 8 | £1 202 | |
| 9 | £1 398 | |
| 10 | £1 594 | |
| 11 | £1 800 | |
| 12 | £2 016 | |
| 13 | £2 243 | |
| 14 | £2 421 | |
| 15 | £2 668 | |
| 16 | £2 927 | |
| 17 | £3 199 | |
| 18 | £3 485 | |

| 年度 | 朋友从20岁开始，每月存10英镑 | 我50岁才存第一笔钱 |
|---|---|---|
| 19 | £4 163 | |
| 20 | £4 497 | |
| 21 | £4 847 | |
| 22 | £5 215 | |
| 23 | £5 601 | |
| 24 | £6 007 | |
| 25 | £6 433 | |
| 26 | £6 880 | |
| 27 | £7 350 | |
| 28 | £7 843 | |
| 29 | £8 361 | |

续表

| 年度 | 朋友从20岁开始，每月存10英镑 | 我50岁才存第一笔钱 |
|---|---|---|
| 30 | £8 905 | |
| | | £10 000（1+5%）<br>=£10 500 |
| 31 | £9 476 | £11 025 |
| 32 | £10 075 | £11 576 |
| 33 | £10 704 | £12 154 |
| 34 | £11 365 | £12 761 |
| 35 | £12 059 | £13 399 |
| 36 | £12 787 | £14 068 |
| 37 | £13 552 | £14 771 |
| 38 | £14 355 | £15 509 |

续表

| 年度 | 朋友从20岁开始，每月存10英镑 | 我50岁才存第一笔钱 |
|---|---|---|
| 39 | £15 198 | £16 284 |
| 40 | £16 083 | £17 098 |
| 41 | £17 013 | £17 952 |
| 42 | £17 989 | £18 849 |
| 43 | £19 014 | £19 791 |
| 44 | £20 090 | £20 780 |
| 45 | £21 220 | £21 819 |
| Totals | £21 220 | £21 819 |

## 47.买房，不要租房

我们都需要一个遮风避雨的住所，因此，我们得考虑要一辈子租房子还是直接买房。买房子需要大笔资金，很少有人可以一次付清（如果你可以，应该不会有兴趣看这本书），因此买房子的最大挑战便是向银行或亲友借贷。之前我们才讨论到负债是最坏、最坏的结果，不该重蹈覆辙，也讲到债务的利息会吃掉你的收入，让你无法成为富人……没错，你的记性真好。

那么，怎样才能拥有房产但无需借贷？买房子却没有房贷呢？

答案是，可将房贷视为投资而非借贷，按月缴房贷等于每月投资。长期来说（如果你够幸运，也可能短期获利），你可以预期房贷利息会低于房屋增值。你希望通过房屋增值获利，你缴的房贷等同投资订金。

**低价买进，高价卖出。**

反过来说，租房子就不是投资，租金一付出去，便有如江水一去不复返，不用想也知道。虽然每月要付房贷，却能期待房价随着时间水涨船高，卖出时可获取利润。

因此，了解这条法则的人，会想办法买房子而不会租房子。但拥有房产，大额贷款的压力随之而来，生活乐趣也会减少。压力来自于贷款金额，以及买房子对财务规划的影响，而非拥有所有权。你要思考清楚，每个月愿意以及能够偿还多少贷款？

当然我无法保证房子一定会增值，也可能遇到房价暴跌的惨况，但通常来讲，房价会慢慢修正，继续往上攀升。最理想的状况，就是低价买进，高价卖出。这时你可以选择将这笔钱再投入房地产，便可降低贷款金额。以这种模式进行，有一天你可以拥有自己的房子，而且没有任何贷款。

或者你也可以像大部分人一样，将房子越换越大，虽说这不符合财富增加的策略，但这是你想要享有财富的方式，我就是这样改善我的居住条件的。

## 48.了解投资的真正含义

投资的目的有二：增加收入，以及财富增值。换句话说，当你投资一笔资金，你会按时得到小额报酬，投资本身也会持续增加价值，你的资金便会越滚越大。

假设你投资房地产出租给房客，每个月你会有固定的房租收入，房价也会逐渐增加，因此你的资金会随着时间而增长。

股票也一样，买股票你会有股利分配（增加收入），股票卖点也应该比买点高（增加价值）。你了解了吗？注意我用的是"应该"而不是"一定会"。投资有赚有赔，没有必然的结果。

你可以做任何你认为不错的投资：

●公司股票。

●和兄弟草率的合作计划：买老旧汽艇，修理之后高价卖出，赚取中间差额。

● 好酒、名画、金币、古董车、古书、高级玻璃酒杯。

● 退休基金、储蓄、定期存款。

● 新发明和研制新产品。

● 值得投资的人和想法。

● 戏剧表演、电视节目、电影。

投资不必局限于一般常见的方式和项目，还可以考虑其他较特别的方式：

● 赞助：例如赛车、球队等，借以提升品牌意识、加深品牌形象（希望提升到的是你自己，而不是赛车或是球队）。

● 天使基金（angelic capital）：提供创业者早期资金的投资，和创业投资（venture capital）不同，创投主要是以赚钱为目的那种投资。

记住，不管从哪个角度分析，任何形式的投资都有赌博的成分。投资有赚有赔，有一定的风险，有可能要认赔杀出。如果你不相信我，可以问问保险公司便知道。

**不管从哪个角度分析，任何形式的投资都有赌博的成分。**

另一方面来说，有很多低风险投资还是会给我们带来持续受益，值得你参考。

## 49.积累原始资本，精明投资

如同前面所了解的那样，很多人因为天性懒惰而无法有钱，但也有很多人是因为不知道如何妥善运用资金而成不了富人。道理很简单，一般人赚到一点钱，便想要犒赏自己的辛劳。没错，钱是你赚的，你应该享受一下；但是你现在还不能把钱全花光，不管你多渴望那辆新车、多想去度假、多想买栋海边小别墅，不管你想要什么，都还不是时候。

我也犯过类似的错误，大家或多或少应该都会。我记不得为什么有好几年一直多缴税，后来政府一次退给我一笔很可观的金额。得到意外之财哪能放着不花，我为家人安排一趟快乐的豪华之旅。这就是富人和一般人的差别，富人把意外之财当作发财的机会，而一般人得到意外之财，先会给自己找乐子，所以，一般人永远当不了富人。如果你喜欢及时行乐，这没什么不好；但如果你要更大的财富和享受（虽然会延迟），那你要学习自制。一旦你得到一笔钱或是存到第一桶金，一定要妥善运用，把它作为财富的启动资金。

这样，钱就可以为你累积更大财富，你没有损失，等到赚更多钱时，你要多少假期随便你。但是你要耐心等待，而且要聪明运用这笔钱，让它成为你的启动资金或是钱引子，就像你要客人给小费，自己得先在盘子里放些钱引子，才会有人跟着给小费。街头艺人也会在帽子里面放几枚钱币，引发观众赏钱的意愿。没有人会往空帽子里丢钱，你要做的就是让财富的帽子，为你装满金币。

**一旦你得到一笔钱或是存到第一桶金，一定要妥善运用，把它作为财富的启动资金。**

我好像听到你说："可是我从没有得过一大笔钱。"这样想就错了，你每个月都会收到一笔薪水（假设你有工作）。你会把钱花在房贷、食物、交通、享乐等等。但如果你想脱离这样的生活，创造更美好的未来，你要积极行动。就从每个月存一点钱开始，等你存到一定的金额，你要思考如何投资才能产生更多钱。

　　理想状况是把钱换成资产，例如股票、房地产（出租用），或是你想到的生财方式。只要你固定将存下来的钱转作投资，财富就会随着时间的推移慢慢地增长起来。

## 50.股票的长期增值高过房地产

如果现在你已经累积一笔钱可以投资，你该投资什么？房地产和股票是两大主要方式，但是你要选择哪一项？

在 2000 年网络泡沫化之后，许多英国人将投资从股票转向房地产。可以想象人们这样做的原因，20 世纪 90 年代后期股票市场受到重挫，对投资股票比重很高的人来说是一大打击，而且部分公司甚至破产倒闭，这表示投资人损失了全部资金。

投资人将大量资金从股票市场转到房地产，造成房地产需求与日俱增，房屋出租事业蓬勃发展，房价也跟着水涨船高。市场过度发展的情况下，部分地区出租房屋供过于求，房东无法靠房地产得到稳定的租金收入；但是早期的房地产投资人，只要是买在好地区，投资都能赚钱。不过 2000 年之后，股票市场开始恢复，那些没有卖掉股票的投资人，手中握有的股票开始止跌，转亏为盈。

那该怎么做？房地产还是股票？短期来说，尽管股票可能会短暂下跌，但长期来讲，股票的表现优于房地产。

不要误解我的意思，房地产在投资组合上占有重要地位，鸡蛋不要放在同一个篮子里，任何配置良好的投资组合都少不了房地产。

**任何配置良好的投资组合都少不了房地产。**

投资房地产可以自住，对投资人来说是很大的优势（见法则47）。或者你买房是为了出租，你会有租金收入（但要计算租金收入是否符合你的期望，也要确认房屋坐落地区，是否有足够的需求支撑房地产出租市场……）。

我们希望从投资股票得到固定股利收益，但是股票最大的收益，来自长期持有卖出后的增值所得。这很简单，上市公司的成长潜力比房地产高，长期来说，股票会给你更高的报酬。我强调潜力的意思是，股票投资并不一定都是赚钱。股票和房地产的市值会成长，也会下跌，投资一定有风险。

　　另一个股票大于房地产的优点在于，可以将风险降到最低，尤其是配置良好的股票组合。投资越多元，风险越少。你知道在经济衰退时期，便宜的烤豆子销售量都会攀升吗？

## 51.掌握销售的艺术

交易和销售都是重要的技能，两者不能混为一谈。因为你时时都在销售，人生中最重要的事，便是成功推销自己以增加资产。

销售是建立财富的基础，不管你靠什么发迹有钱，都和销售脱离不了关系。不管是销售自己的才能、产品或想法，没有销售便赚不了钱，销售本身就是重点。每个富人都知道销售的重要性，但是穷人不知道。

你的理想目标应该是销售下面所列举的事项：

● 你自己和你的才能、技术、特质（时时刻刻）。

● 在你睡觉时都能销售的东西。

● 销售到没去过也没听过的国家。

● 通过他人帮你销售。

● 成本低但是报酬高的产品。

● 他人制造又供应你资金的产品。

● 日常生活用品。

● 容易储存、运输、堆放的产品。

这份清单可能会无穷无尽，但是人们常因销售没有市场的东西而失败。除非你是当代艺术家 Damien Hirst，而且你卖的是腌渍鲨鱼。这是我从没想过的市场。

不要以为只有穿着笔挺西装的业务员才需要推销，每次你在电视上看到维京集团的创办人 Richard Branson 和他的热气球，他也是在销售，销售整个维京集团的品牌形象。他不但人聪明，销售方式也很聪明。

刚上学的 Alex Tew 想要成为百万富翁，他在想如果他有100万个商品，每个商品只要卖一块钱，就可达成目标。他突发奇想地创立"百万网页"，因为一个网页有100万像素，每个像素只要出售1英镑，他便能赚进100万。一个广告格至少需要400像素，因为太小的广告格看不清楚，因此艾克斯每卖出一个广告格便可赚到400英镑。

他在圣诞节前成功卖出一半的广告格，剩下的也在一年内销售完

毕 。 你 可 以 上 网 页 看 他 的 销 售 成 果 （http：//www.
milliondollarhomepage.com）。我也买了一个广告格，你在网页上可以
找到我的广告链接，我认为这个年轻人有创业冒险精神，他的聪明才
智和创新力需要人们为他鼓掌喝彩。

**人生中最重要的事，便是成功推销自己以增加资产。**

## 52.注重仪表

如果你想成为富人，那表示你愿意花时间生产产品，或是提供服务来交换财富，而且必须让人们愿意向你购买。要想成为富豪，可得认真、诚实地估量自己的轻重。找出别人对你的观点，利用它壮大自己的事业。

你愿意跟穿着破牛仔裤、运动外套和夹脚拖，还态度轻率嚼着口香糖的人买退休保险吗？当然不可能！相信你也不敢和身穿笔挺西装、头发梳得油亮的教练学冲浪吧？从这个观点来看自己，一切就能够了然于心。

专业的外表，不仅着重于穿着打扮，还包括个性、举止与态度。你是否能够准时、诚信、善于沟通？做事情能否有条不紊，习惯和客户约定早餐会议，还是下班后到酒店边喝边谈生意？制作文件的速度快不快，内容清楚还是乱七八糟？开什么车、多快回电话，推销自己的态度是积极还是低调，个性傲慢还是谦和，你给予什么样的承诺，有没有本事逗大家开心……这些都关系着你成功与否。

你要谨慎经营自己这个"品牌"的每一层面，不要把成功的机会托付在命运手上。询问你信任、会诚实以对的朋友，也要听听同事、工作上有往来的人，他们对你的看法，不管回答是直接还是含蓄，通常大家不会完全坦诚告知，但是你要用心听出其中的事实。

另外，不管你怎么做，一定要真诚，因为这是骗不了人的。真诚并不困难，你不要造假，扭曲自己的真实个性。培养好的技能当然重要，像善于沟通、对数字精明等，但是，你要让人们看到些许的真实个性，知道你是个真诚不做作的人。如果连这样都做不到的话，还想成就什么大事业？

**专业的外表，不仅着重于穿着打扮，还包括个性、举止与态度。**

我认识一对夫妻，他们绝对是我所认识的最好笑的朋友。他们讲话机智逗趣、开玩笑的方式有点无厘头，老是让我笑得合不拢嘴，和他们共进晚餐时真是愉快。想知道他们的职业吗？他们俩都是丧礼规划主管。在工作时，除非客户能接受，不然他们不会轻易展露幽默，但是他们会显现其他的个性特点，像是关怀、细心与富有同理心等等。这也是他们真诚的一面。

## 53. 别以为自己永远能赢

你搞不定世界上所有的人、事、物，遇到了最好小心一点。赌马者（任何想利用赌博赚你钱的人——赌场主人、老千、赛马、线上赌博等）、税务机关、超速照相机、政府、土地规划局、警察、你妈、小孩和死神，都是其中一分子。

《达·芬奇密码》的作者丹·布朗被另一本书《圣血与圣杯》(Holy Blood，Holy Grail) 的作者控告，他认为布朗抄袭他的作品，但是却打输这场官司，而且输得很惨，包括官司费用，他总共赔了175万英镑。

他们一定是相信自己能赢得官司才会出手控告，但是没有人事先警告他们赢的可能性不高吗？我很好奇是否有人建议他们不要去控告对方，因为输的几率很大。

　　为什么要小心赌马者、辩护律师、会计师等这类的人，因为他们拥有我们所没有的知识，他们会利用我们的无知，将钱从我们口袋拐走。

　　不要对我进行道德教育，也不要想改变这样的现状，这就是真实的人生。你只能接受，从中谋利，切不要妄想消除这套现行的运作机制。你无法打倒赌马者，你不用因为他们向穷人、无辜的人或是易上当的民众骗钱，而要歼灭他们。问题在于这些人自己带着打开的钱包走进赌场，输得精光之后才抱怨自己一无所有、没有人给他们机会、人生不公平、没有人喜欢我、输钱不是我的错、为什么法律不保护我们……要记得外头的世界很险恶，处处是鲨鱼，你得小心不要流血，让鲨鱼闻到你的味道。

　　**要记得外头的世界很险恶，处处是鲨鱼，你得小心。**

## 54.不懂股票就别进场

下一条法则要讨论的是投资股票，在这之前，我想先说清楚，如果你不懂股票，法则55就不适合你，最好跳过别看。不懂股票绝对不可进场投资。本法则就是要确认你是否需要阅读下一法则。

"除非你懂股票，不然就不要进场投资"，这样讲当然很简单，问题是没有人一开始就懂，那不就永远不能投资股票？投资股票有点像生养小孩或是跳伞，需要边做边学。这样讲并不完全正确。我猜很懂股票的那些人，并不是天生的操盘好手，他们一定是做足功课后再进场投资。

你想学习买卖股票吗？那要怎么做才能获利不亏损？方法其实很简单。虽然你也可以和大家一样阅读财经杂志、请教高手或是观看财经新闻、购买相关书籍等。这些信息都非常珍贵，但是你如何确定自己已完全掌握股票投资技巧呢？

很简单，就是要"预先排练"。第一步，决定钱要投资在哪只股票，然后把钱放在口袋。先观察市场，观察想投资的标的是否符合臆测。追踪标的物的进展，决定何时该卖出，然后看看你有没有赚钱。

记录股票的变化、推测市场走向很简单，但这只是预测未来可能发生的情况而已，没人敢确保市场一定会这样进行。也就是说你要先模拟投资，把买进和卖出的价格与时间点记录下来，计算从预计投入的本金中会赚（或赔）多少。

**你要先模拟投资，把买进和卖出的价格与时间点记录下来，计算从预计投入的本金中会赚（或赔）多少。**

经常练习，不要只模拟一次就草率进场。追踪想要投资的多家公司，时间要长达数个月甚至是数年之久。计算你的命中率、损失和投资的正确性有多高。当你从记录中可以确定自己终于了解股票投资，就是进场的时间。即使如此，刚开始还是要小额试单。把钱放进股市，看着股价上上下下，和模拟是不一样的，而且还可能下意识改变操作策略。因此，你要继续把买卖的价格和时间点等信息都记录下来，才不会被市场牵着鼻子走。

## 55. 了解股市运作机制

股票指的是上市公司发行，可以在公开市场买卖和交易流通的投资。那么，它是如何运作的？更重要的是，怎样才能赚钱？

第一个问题，最简单的答案是："买低卖高"，但是要成功买卖股票，还需要知道更多知识。重点在要决定买哪一只股票、以多少价格买进、买点（和卖点）是多少。市面上有关股票操作的书籍汗牛充栋，不可胜数，绝对都比这本书厚。所以我会简单扼要地提出几项规则，首先要了解决定股市里面股价的因素：价值和炒作。

我个人觉得都是因为经济学太困难，所以大家宁愿靠占星学来找解答。不过我不介意引述经济学家的理论，尤其是英国经济学家凯恩斯（John Maynard Keynes），他曾经说过股票市场就像选美。

当然他不是说股票经纪人要脱下西装，穿上泳衣，致力于谋求儿童福利和世界和平。他指的选美是伦敦时报所举办的，如果能得到读者最多票选的美女，就能得到奖品。报上会贴出美女照片，读者可投票给自己认为最漂亮的女孩，看看和社会大众的票选结果是否一致。因此，重点不在于挑出最漂亮的美女，也不是预言一般读者会认为谁最美。选美成为一场游戏，游戏的重点在预测一般读者的选择是什么。凯恩斯认为这就是股票市场运作的规则，投资者预测其他投资人未来会想买哪只股票，他们不以上市公司基本价值作为买卖的考量，而是以投资人愿意付的价格来交易。这就是股票炒作的本质，也是为什么股票的基本价值和价格每天都会不同。

虽然观察大众炒作股票的心理活动状态很有趣，但是不确定的世界却不会带领你通往财富之门。如果你真的要靠股票赚钱，那么请参考我的原则：逐步稳定累积财富。不要理会其他声音，不要管新闻讲什么，或是预测股票涨跌的消息，远离那些从昨日价格可以预测明天价格的"成熟技术"（技术分析！不要被听起来理性的标签所愚弄，它们都不理性），一定要抗拒买进卖出追逐迅速致富的诱惑。如果你要投资股票，要先研究股票的价值，有几种公司值得你考虑，像价格尚未完全反映出公司价值的股票；或是产品、技术在未来有发展潜力的公司；还有公司价值会通过投资基金而增值（在法则 56 会有更深入的讨论）。

一旦你找到这样的公司就可以放手投资，除非股票基本面改变，不然最好长期持有，等待股票增值，享受财富逐步累积的过程。

选正确的股票投资，在恰当的价格购入，不要追随大众的脚步，要找到有价值的股票。说时简单做时难，没错，要选对股票需要下工夫研究，但是遵守下一个法则会让投资股票简单些。

## 56.只买你懂的股票

这是另一个你要深烙于心的法则。靠买卖（不管是股票或是其他东西）赚钱都是赌博的一种。赌场有清楚的等级制度，这是我在赌场当经理时看到的现象。赌场底层会放置游戏币赌博机，现场人声鼎沸、热闹喧哗。上层是绅士俱乐部，围上雾色玻璃，间接照明的灯光，只开放给高级会员，当俱乐部会员看到不同等级的划分，会觉得上层赌博活动似乎更"干净"。同样的道理，大家也认为股票市场制度完整精密，因此不会有风险或危害。但股票买卖仍旧是赌博，没有稳赚不赔的道理。

如果你想在股市上赌一把（或是任何你想要买卖的东西），那么要尽可能减少不确定的概率，而且只投资你了解的东西。这样做，可以消除因为不了解，而让你尝试通常不会做的冒险，或是被油嘴滑舌的营销人员所迷惑。

**要尽可能减少不确定的概率，而且只投资你了解的东西。**

如果你在玛莎百货闲逛，看到架上新品都很不错，店内满是客人，顾客也在耳语谈论这几年玛莎百货进步很多，那你可以投资玛莎百货的股票。如果你持续研究这家公司，倾听顾客声音，很快会知道这家公司是否值得你继续投资。

要知道自己是用理性还是感性在投资。我有个朋友只投资环保产业，他有一股崇高的道德优越感，认为这样做自己一定会上天堂。他真是个赌徒，而且看不清楚事情真相。他的投资是交织着理性和感性吗？如果你找到喜爱的投资，要清楚自己是以生意原则在投资，还是纯粹因为个人喜好。如果理性的市场分析指出，风力发电厂很有发展潜力，而且会给你丰厚的报酬，那非常好，你的投资是理性和感性兼备。

如果你不是很了解某项生意，也不想下工夫研究，那投资你了解的生意一定有更好的成果。若是你想要投资股票，但又不想自己做功课下决定，你可以投资基金。下一条法则会有更详细的解说。

## 57.理智超越情感

相信你会阅读此书的目的就是想成为富人，对吗？你所做的一切理财决定，都是为了帮你赚更多钱，让你在财富阶梯上更上一层楼。

因此，在作决定时，要把注意力放在增强财富的优势上；除此之外，别被其他因素所干扰，要确保理智超越情感。这条法则在选股时大概不难执行，但在进行其他像是买卖房子、车子和古董等有情感因素的投资时，难度就会增加许多。

**在作决定时，要把注意力放在增强财富的优势上；除此之外，别被其他因素干扰。**

我不是说你不能买想要的东西，只要你规划好哪些钱是用来享受生活、哪些要存入银行即可。但如果付出的钱是用来投资，目的是为了赚钱，就不可因为个人喜好而左右决定。像是有两台 Land Royer 的中古车，一台是经典款的老车，一台是新款的 Defender，老车很漂亮，但是需要许多维修才能出售，如此一来就赚不了多少钱，为了赚取更大的利润，你一定要买 Defender。

我知道这样做很困难，但是别无选择。投资房地产也是一样的道理，想当包租公（婆），就别因为你喜欢的区域而买这一区域的房子。要知道既然房子是用来出租，会住在里面的人就不是你。你要用理智衡量种种因素后才下决定。而考量的因素不外乎在扣除费用之后，哪个房子可以给你最高的收益，这是你唯一需要知道的事。

这不是说你绝对不能以个人喜好来评价投资，我要讲的是：如何变为富人的做法。这就是你想从这本书知道的重点，也是你购买本书的初衷。那些富人就是靠理智而非情感才会越来越有钱。当然，你要怎么做，我也管不了，但可别说我没有事先提醒。

## 58.多采用投资专家的意见

从法则55你大概能猜到，多数会自己选择投资标的的人，都以为自己能侦测到别人尚未发现的股票价值。当然，我们不会常去审视报酬记录是否属实。我也确定许多遵守财富法则的人，也会作出糟糕的决定。如果你不相信自己每次都能作出聪明的选择，或纯粹想让更专业的人照料你的投资，那就请投资专家帮忙。

现在，请你注意这一点，这点真的非常重要。首先他们会告诉你，他们会拿你的钱积极地买进卖出，然后战胜股市。他们真的会战胜股市，他们会制作彩色图表，让你看看他们每年的高绩效，除了去年投资失利以外（他们会说这只是暂时的市场修正，每个人都投资失利，但是明年……），你只要在这里签名，舒舒服服地坐着，很快你的身价会超越股神巴菲特。听起来好得不像真的！

　　不过，这只是痴心妄想，一点也不符合逻辑。简单来说，有些人的投资报酬率会高于市场平均报酬率，有些人会低于平均报酬率。大企业将多数的钱投资在股票市场，他们要战胜谁？他们自己？没错，这是投资工业的丑陋真相。每年，有人会超前，有人会失利，但以长期来说，市场会打败大部分的投资经理人。我相信他们都很努力认真，但是到最后，几乎所有人赚的钱都无法超过市场，因此，不要付钱让这些经理人尝试。有没有预测方法能预测稳赚不赔的股票？不太可能。有没有投资科技股的秘诀？如果有，也只是夸大其词。如果你和大家一样阅读投资手册、听顾问（抽佣金的那种）的话，投资会战胜市场的基金？你可以确定哪件事可以高过平均，报酬还是费用？你知道这个问题的答案，不是吗？

　　如果你想要把钱放到市场而非某人口袋，那就把事情弄得简单一些。如果你没时间或是专业知识研究最活跃的基金，那遵从"少即是多"的原则（通常也比较便宜）。选购不会因为要采取一连串高风险的聪明策略，试图超越平均报酬率而收你高额费用的基金，选择了解这个原理的基金经理人。长期来说，他们不会为了追求高报酬，而不断转换投资标的。挑选会以最平稳方式投资、收费最低的基金，他们会选择一系列的好股票，复制市场的平均报酬，事情做对了才去吃午餐。你知道投资的钱会持续为你工作，晚上便能安心睡觉（还会继续阅读这本书）。

如果你不知道到哪里可以找到这种基金，我可以告诉你，它们就是"指数型基金"（index funds）。这类基金会付较少费用给经理人，也不会花很多钱在广告上，因此你的理财顾问可能最后才会从他的手提包，拿出这些基金的介绍资料给你。当你相信专业理财人士时，要耐心等待报酬，不要急切地买进卖出。等你对投资有更多经验，可以采取更积极的方式，但是相信我，他们的费用不会很高。

## 59.理财建议要付费

　　许多人在外面等着帮你理财，给你投资建议、信息、窍门和引导，不管是什么，如果你想保住财富，你要一开始就小心信息的出处。

　　如果你需要获得投资建议、帮助或者引导的话，你可以从两种人身上获得。第一种人是理财专家，他们有投保责任保险（indemnity insurance），万一他们提供的建议出错或是风险极高，你可以控告他们，要求巨额赔款。如果他们对自己提出的建议袖手旁观，你要详读保险条款的内容，以备日后出错时可以得到赔偿，这样他们才会保持警觉。既然你已经付费，这些人便有义务帮助你进行财富管理。

　　第二种人是富人，除非他们的财富是来自乐透、继承、抢银行，或从摩洛哥偷运毒品，到当地的夜店贩卖（即使他们没有诚实的人格，但他们的商业技能仍旧值得学习）。

这就是能为你提供投资建议的两类人，包括你的亲朋好友、好意的熟人（即使他们可以从中获利）、电视节目、网络或是投资银行获得协助。

你要确定为你提供理财建议者，都来自有执照或是合格组织的理财专员——包括非常富有的俱乐部。你要确定他们知道自己在做什么。纺织业富豪乔·海曼（Joe Hyman）常说，如果要以诚实来排序银行，下面是他们的顺序：（1）大集团银行；（2）骗子；（3）投资银行。

**你要确定为你提供理财建议者，都来自有执照或是合格组织的理财专员——包括非常富有的俱乐部。**

在我的经验里面有两种顾问：（1）事前阻止你不要做蠢事的人；（2）你成了蠢蛋后才告诉你，这种事后诸葛亮的顾问满街都是。

关于专业的理财顾问也有两种：（1）帮你管理财富的顾问；（2）试着卖给你产品的顾问。要像躲瘟疫一样避开第二种顾问。

你雇用的理财专家要独立自主，不应该只是卖给你他们公司的理财产品，如此有限的范围；就如同买西装，是从架上找出最适合你的成衣，或是为你量身定做。

对于专家给你的建议，事先要协议好费用，之后坚持付费，但不要以从保单中抽佣金的形式付费。佣金的方式听起来挺吸引人，你以为得到更高价值（投资公司是从你买的商品中拨付佣金给理财顾问），你好像占到便宜，但是你得到的不一定是公正的好建议。你应该寻求中立的建议，为你的财务情况量身定做的建议，自己付顾问费是唯一的方法，也不会被推销一大堆保险单或是投资商品。

## 60. 谋定而后动

当你决定投资策略后，可不要一直修修改改，因为不太可能越修越好，通常只会把事情搞糟。短期内再三修改还可能产生额外费用或罚金。你要知道在什么时候放手，就像谚语所说："谋定而后动"。行动前要反复考量，做下计划和决定后，便不再轻易更改。

观察过程是在权衡胜算、寻求意见、考虑利弊后，再根据搜集的信息然后行动。但是当决定行动后，不要犹豫，坚持到底。要全心全意于达成计划、目标、策略、志向和目的。

我们很容易焦虑不安或是害怕，我们担心失业、没钱、陷入经济困境、负债或是矮人一截。我也曾经制订好计划，却害怕创业不成功，而继续原来的工作好几年。当我终于做足准备自行开业后，我做得还不错，大家的过程都一样。

**当你决定行动后，不要犹豫，坚持到底。**

治大国如烹小鲜，把鱼放到油锅后不要常翻动，多搅则易碎。因此一旦制订计划后，不要一直修改变更，改来改去的结果很可能落得获益不大的下场，还会浪费金钱在转换股票。投资大多是长期，不断变动会让你付出更多手续费，也无法达到最大收益。

当然你要注意自己的投资和市场上的变动，但是要坚持你的策略，坚持做投资功课，尽可能不要去改变计划。别害怕，也不要反复无常。

## 61.长期投资

如同法则60所讲，不要经常变动投资，也不要玩短期套利的游戏。你要以长期持有的角度看待投资计划和报酬。你也必须着眼于长远投资。

如果你想短期获益，我建议你去买彩票，祝你好运（好运很重要）。赚取财富是缓慢的过程，也应该如此。如果你快速致富，你不会有时间累积经验和智慧。暴富的结果，会让你需索无度，只学会消费。

以长期持有的角度来看投资，就像世界以一种难以置信的速度缓慢运行时，你的思维却在飞速运转。"小不忍则乱大谋"。有没有试着打过苍蝇？苍蝇的眼睛和人类不一样，复眼把一连串影像融合为连续动作的速度比人类快上数倍，不管我们的动作如何缓慢静悄，一举起

手，它便马上捕捉影像迅速飞走。你也要发展一样的能力，在事情发
生前就能洞悉一切，唯一的方法便是把眼光放远。

　　获取财富的过程就像蹑手蹑脚接近一只未被驯服的老虎，老虎总
是小心地注意周围动静，因此你要安静无声又有技巧地接近它。你不
能跑到老虎面前大声咆哮，老虎可能反咬一口或者逃跑。最好的驯虎
方式是，不慌不忙，安静无声地慢慢靠近，任何突然的动作都会惊动
警觉的老虎。

**获取财富的过程就像蹑手蹑脚接近一只未被驯服的
老虎。**

　　我在另一本拙作《职场的108条黄金法则》中提到，要有短、
中、长期不同的规划，投资也一样。你需要短期投资，以便不时的金
钱需求，也得将目标放在5到10年间有所报酬的中期投资，而长期投
资则是希望通过拉长时间获得更大的受益。

　　我知道在法则38中讲过，不要浪费时间犹豫，要快速行动，套
在这里仍旧适用，但前提是你已经审慎考量投资的可行性，下过工夫

权衡考虑、琢磨评估，才可快速行动。你看日本武士一挥刀敌人便应声倒下，他们只砍一次，但却要花上一辈子的时间琢磨。

5年后你会累积多少财富？10年呢？15年呢？20年呢？甚至更久呢？

## 62.每天有固定时间理财

富人也得过平常人的日子。我观察到快乐的富人，他们的财务规划都离不开下面这四个原则：

1.设立目标，坚持到底。

2.不过度修改变更。

3.每天有固定时间理财（不是人人都在早上十点，每个人都有自己喜欢的理财时间，也许是早上或是晚上十点半）。

4.不会全心投入追求财富而无法自拔，他们享受人生——这也是富人活力和乐趣的来源。

固定时间理财有两个好处：第一，它让你确信你是在积极管理自己的投资，而不是一年看一次，才觉得"真糟糕，怎么会这样"；反过来说，也不用一整天烦恼这样投资是否合适（过与不及都不好）。

第二，你可以利用自身规律的生物节奏，在你状态最好时作决定。如果白天你的身体状态最好，那就白天规划；或者你是夜猫子，越晚精神越佳，就趁晚上思绪最敏锐时规划。

固定时间还有一个好处，就是你可以将财务规划放在每天的行程表中，拨出时间处理，如果不这样做就容易忘记，或是被其他事务缠身。例如吃完早餐后，首先花个半小时处理财务，养成习惯后，不做便觉得浑身不对劲——即使假日也一样。

每天固定时段、固定时间规划财务，一天处理一些，才不会累积一堆事务后，不知从何下手。今天做完财务规划，就放到脑后不再烦心；明天固定时间，再继续昨天的进度。滴水可以穿石，不要小看持续的力量，只要有恒心，不断努力，一定会成功。相信我，我是过来人。

## 63.注重细节

不注重细节是我的劣势，幸好我找到简单的解决办法。我聘请秘书为我管理生活中的大小事——他是一个非常仔细谨慎的员工。没错，这个方法挺费钱的，最好是马上训练自己养成这项技能，节省下这笔不必要的费用。

**最好是马上训练自己养成这项技能，节省下不必要的费用。**

注重细节不是巨细靡遗地记录大小花费，我们在法则35已探讨过，吝啬给你的是痛苦不是财富。每天少喝一杯卡布奇诺不会让你成为大富翁。要注意的细节是：

●看清楚某些文本下面印刷的小字。

●看清楚利率高低。

●看清楚费用多少。

●缴费准时，避免罚金。

●确定收入进账时间，这样可以马上规划投资，才不会白白损失时间让它搁置。

●记住见过面的人。

●记住特定日期、时间和约会。

●做笔记，把每件事情写下来。

●经常发问。

●留下每项交易、买卖的记录。

这是一个条件反射训练。重复相同动作，直到身体记住变成反射动作。练习越多，越熟能生巧，也会越省力。

有点像学开车，一开始会紧张害怕，熟悉之后便能不假思索。在写这篇的同时，我人在法国，我习惯右驾和左手开车，和这里的方式相反。一开始我会大声斥责后座的孩子，要他们安静，因为我需要专注开车。这很像重新学开车，而且标志都是法语，和我过去的习惯大不相同。但是随着时间和练习的增加，我已习惯法国开车方式，现在，我能一边开车，一边欣赏沿途风景，享受旅途的乐趣。

## 64.开创新的收入来源

对创造财富来说，聪明投资、灵活管理金钱很重要，但是首先还是得创造收入来源。有基本收入再另开财源，可以有更多保障。

就像街头艺人都会开发几个不同的表演地点，如果其中一个地方收入不好，你可以收拾细软，到下一个地点继续表演。但是最好的方法是——复制自己——不要一个人到处表演，而是能同时在不同地方表演。帽子越多，收入越多。

不要把我的话局限在这个上面。自己观察看看，你钦佩的富人是不是会多方投资，为自己创造更多财富，他们通常都有好几个赚钱的门路增加收入。

对喜欢自己现有工作，但是收入不高的人来说，另辟财源尤其重要。

有一个方法可以实现这个目的：你可以将剩余的钱转成投资，让资产在你休息的时候继续为你赚钱，租金收入或是股票分红都是不错的选择。

另一个方法是，利用自己的技能和专业创造其他财富，不要只靠白天工作的收入过活。我不是要你放弃白天工作，你可以在休息时间兼职，不管是和白天一样的工作性质，或是你有其他才能，像是靠兴趣接不同的工作。看看自己可以教别人什么，还是当个顾问，提供专业意见，或是开店做生意。

当我说"开创"一个新的收入来源的时候，我是说去找出自己有哪些技能可以增加收入，即使市场上已经有人做也没关系。只要你可以靠技能创造收入，而且持续利用额外收入投资，为自己开创更多财富，就不用单靠付出劳力或心思赚钱（我当然知道你无法真的克隆自己）。

**富人通常都有好几个赚钱的门路增加收入。**

## 65.学会运用"如果……那么"

当你在计划另辟财源和投资时，你要问自己许多"如果……那么"的问题。

我会从下列这些问题开始：

● 如果经济衰退怎么办？

● 如果这家银行倒闭，钱拿不回来怎么办？

● 如果投资的股票下跌怎么办？

● 如果金价暴跌怎么办？

● 如果我的客户都转向更便宜的公司购买怎么办？

● 如果我被裁员怎么办？

● 如果石油用完怎么办？

大家可自行练习，现在我们一起来问问自己："如果……那么"，我管这个练习叫"找漏洞",其实叫它"骗局"比叫"找漏洞"更贴切。每次当我开始赚大钱,都会觉得有人精心制作骗局打算来诈骗我的钱,没有预期的事情会发生,我辛苦创立的新财源很快会枯竭。成为富人的过程,就是要事先发现骗局,把钱转到其他投资。在创造新财源时,考虑在什么时候寻找、在哪里找到额外收入来源也很重要。就是说在哪里摆放收钱的帽子。

把鸡蛋放在同一个篮子的坏处,就像足球选手在二十几岁被迫退休。一分钟前这些明星选手年薪数百万,站在事业的巅峰,一场比赛后,如果脚踝严重断裂,财富美梦也同样破碎。这些足球选手没接受过其他训练,因为他们从没想过要为事业备胎。

**关键在于分散风险。**

人生关键在于分散风险——你要有多重收入和完善的资产配置,那么不管是否发生"如果……那么"的情况,比起全部鸡蛋都放在同一个篮子来说,你有更周全的保护。问自己"如果……那么"的问题,可以降低失去财富,或是创业(投资)不成功的风险。

## 66. 控制消费冲动

散尽家产的最好方式就是把你赚来的每一分钱花光（好一点的说法就是调剂一下自己的生活）。我特别喜欢花钱，尤其在戒烟之后，我的手没事做，就想刷信用卡来满足内心的瘾头。但是如果你想用辛苦存下来的钱赚进更多财富，千万要抵抗消费的冲动。忘掉买新车的想法吧，你要当好一阵子的守财奴。保住自己的第一桶金，为未来作准备，你可以预期这笔钱会为你赚进更大把的钞票。因此务必要控制花钱的欲望。

我正告诉你成为富人的秘密。赚钱就是一场比赛，一个大奖赛、一条冲刺线。每个人都摩拳擦掌朝富人的目标前进，想要赢得大奖。但是有人还没起跑就先认输，因为他们早被自己错误的信念绊倒，没有勇气争取财富。很多人因为懒惰半途而废，或是看到要努力工作而心生退却。也有许多人坚持不退缩，但是一路跌跌撞撞，因为他们无法抗拒花钱的欲望，他们花起钱来像是没有明天一样。

不过明天还是要来到的。今日刚买的光亮的新车，不久也会成为一堆生锈废铁；快乐的阳光假期会在记忆中消逝；美丽的新衣裳也会不流行而堆在柜子角落。

富人知道如何控制花钱的欲望——这是他们有钱的原因。当他们需要勒紧裤带之时，他们会勒紧腰带。

## 富人知道如何控制花钱的欲望，这是他们有钱的原因。

你也需要这么做，效法富人勒紧裤带。事实上，你一开始就不可以放纵自己。我们在之前的法则提到延迟享受，我希望你听进心里。抑制花钱的欲望非常重要，最好的方法便是不即刻满足自己的欲望。如果你看到非得拥有的东西，勉强自己等上一星期。看看是否还需要想要这个东西。只要你为自己制造等待的机会，欲望通常会消退。延迟满足的时间，远离欲望，你就能减少被引诱的机会。

## 67. 别理会"快速致富"的广告

如果你在 Google 搜寻"赚钱机会",大概会得到 150 000 000 个结果,比"性爱"少很多,但你可以看出人们想要什么。这些搜寻结果中有许多"快速致富"的方法,请相信我,这些方法都可行。"你说什么?"我好像听到你大喊。没错,这些方法都可行,但不适用在你身上,也不适用加入这些系统的傻瓜;这些快速致富的方法只适用于发起人,还有怂恿煽动你加入的人。

在 20 世纪 80 年代,有很多卖净水器,我被邀请去参加过几次会议,也兴起加入的念头(我是认真研究过)。我很惊讶许多人一点考虑都没有就加入会员,也不怀疑为什么只要一点努力就能赚进大把钞票的体制。他们可能认为,只要卖几台净水器给亲朋好友,这么好赚的外快,哪有不接受的道理。这些加入的会员,毫不犹豫地将储蓄投入这项新事业，相信快速致富的承诺。真奇怪，我看不到有谁因此发财。

也许有些人卖了几台净水器给亲朋好友，但导致关系疏远。一开始就加入的人应该会赚到不少钱，但任何金字塔体系的营销制度都一样，当底下没有足够会员支撑，便会面临瓦解的局面。

我喜欢大导演 Woody Allen 拍过的一部有关傻瓜和财富的电影，讲的是他们如何掘到第一桶金的故事。

**这些快速致富的方法只适用于发起人，还有怂恿煽动你加入的人。**

我小时候读过几个关于诈骗的故事，让我开始思考为什么人们容易上当。第一个故事是除虫帮手，你只要花上5块钱（可能是英镑、美金或其他币值），就能买到可以消除任何害虫的除虫帮手，不管是跳蚤、蟑螂或是老鼠等。一付完钱你会收到两个小木块，外加一张说明书。说明书上说，当你捉到害虫后，将它放在木块上，再用另一个木块重压在害虫身上，保证能消除家中害虫。我不是在开玩笑，这些骗子在被捉到之前已经赚了不少钱。人们应该早已淡忘这件事，也许可以再来试试这个骗局。第二个读到的故事是丝绸布料的骗术，那时候刚好遇到丝绸大缺货，欺诈者一码布的价格比市价低很多（有没有注意到金额都不大，人们因此容易受骗），许多人付完钱后收到的却是一码丝线——他们可没指明丝绸的宽度多少。

    你也许会觉得自己不会被这种烂招数给骗倒，然而现实中不是每个骗局都这么粗糙，很多聪明人就因一时糊涂，被人精心设计的骗局所迷惑。要记住世界上没有快速致富的方法。跟着我念一遍：这世界上没有快速致富的方法。

## 68.致富没有秘诀

　　没有快速致富的窍门，也没有秘诀，千万不要相信，而且要小心许多道听途说的建议。当你把重心放在赚大钱，各种致富秘诀会纷纷出现。像是许多收费高昂的商业通讯，可以给你华尔街不为人知的秘密，或是如何从股票市场赚钱、如何投资变有钱、如何把钱转到境外公司节税。这些秘诀不用花上什么钱，只要你订阅他们出版的一年十二期的小册子。

　　你猜结果会是怎样？你会从中学到致富秘诀吗？如同谚语所说："每分钟都有笨蛋出生。"只有你可以帮助自己成为富人，任何人不能帮你，你知道的和大家一样多。

**　　只有你可以帮助自己成为富人，任何人不能帮你。**

赚钱的秘诀就是没有秘诀。只要卖出的价格高过买进的价格，你就做对了，这个原则适用于金融世界的每笔交易——不管是股票、股份、投资、房地产、个人储蓄账户、基金、财务管理、商品期货、英国富时指数（FTSE），还是黄金和贝壳都一样。

我们前面学到的法则指出，只有勤奋的人才能够致富，你现在能了解原因吗？你必须投入心力，学习富人如何累积财富。如果你认为有捷径可以通往财富大门，像是加入快速致富的体系，你不仅会失望，而且可能落得比不投资还惨的情况。懒惰的人不仅不会有钱，还会因为想走捷径而变得更贫穷。

## 69.马上行动

恐怕该是放下肩上的重担，起身练习的时候到了。阅读本书只是个开始，除非你付诸行动，不然本书对你一点用处也没有。当你在阅读本书，心里一定常闪过这样的念头："这个我知道！"或是"这篇太老套，没有新意……"你知道，那很好，但是你有实行过吗？有些章节很老套，但你做到了吗？知道和实践是两回事，一直阅读致富书籍也很没意思，要去实践从阅读中激发的好主意。

我们可以从容不迫地进行。我了解要改变方向通常很难，要培养新的品格特质的过程也很痛苦。就从改变阅读的习惯开始，改变你对金钱的信念，改变错误的金钱观念对我们的影响。

**要改变方向通常很难，要培养新的品格特质的过程也很痛苦。**

改变我们的思维就从改变我们的行为和举止开始。

●观察自己谈论和思考金钱的方式，你会赞美金钱的优点，还是贬低金钱，会认为它是罪恶没有益处吗？如果你开始赞美金钱，你会很惊讶金钱出现的速度非常快。

●观察自己走路的方式。你是否低头垂肩，一副顺从接受的样子？或者你是抬头挺胸、充满自信，表现出热切寻求改变的态度呢？（详见法则24）

●观察自己的整体形象。如果你为贫穷找借口，人们会以为你口袋里没钱，也会以同样态度对待你。最好表现得好像自己很有钱，那么人们会调整自己的态度，以正面的方式回应你。

很多人容易半途而废，不愿意继续追求或是变得更有钱，他们这样做不是因为不想有钱，而是缺乏动力不想付出。就从今天、从现在这一刻开始，马上行动！

## 第三部分
## 有钱还要更有钱

当你有了一些钱之后，赚钱会变得容易许多。钱会生钱，如果你只有50英镑，那你在古董拍卖会干不了什么，如果你有5 000英镑，就可以有更多选择。人生的第一个100万总是最难存到的，一旦你开始往富人的目标迈进，千万不要松懈和满足现状。金钱会因此消失，而且速度比其他方式还快，你要灵活快速，保持警觉，比之前更专注、下更多工夫，而且不要转移注意力。

当你越来越有钱，你需要有几个信得过的给你提供建议的人。为什么要这样？因为你的投资还有资金已经开始"成长"，你需要他们专业的建议和帮助，让财富增长更快。虽然你可以听取顾问的意见，但是最终还得自己拿主意。

不要满足于目前成就，而不思进取，你要更积极寻求潜藏的机会，让自己更有钱。你要有直觉力，要了解眼下金融局势，清楚市场走向，知道自己的财务状况且加以运用（消费/投资/储蓄）。

现在是加快速度，捉住机会的好时机——要横向思维，不要盲目跟着别人后面亦步亦趋，要有创意又能接受新点子和方法。如果你想要赚大钱，模仿别人并没有什么意义的。

## 70.定期检查财务状况

如果你想增加你的财富，一定要清楚自己的存款余额。你要定期检查财务状况，我个人认为一周一次最恰当。当然你可以视自己的情况，想要一个月或是更久才检查一次都可以，但是我建议你不要拖太久。

我的经验是，当你越了解自己最新的财务状况时，越能得到下列益处：

- 能够更快速地对变化作出反应。

- 有更多的信息帮助自己作决定。

- 财务不会在不知情的状况下，发生不好的变化。

- 对财务越专注，回报越多。

很抱歉你要训练自己养成习惯并持之以恒。你得定期坐下来做下列事情：

　　●核对银行对账单。

　　●列出自己的债权人和债务人。

　　●核对信用卡账单和收据是否相符。

　　●检查未兑现支票——你已经开立好但还没承兑的支票。

　　●检查最近会有哪些收入，以及近期有哪些重大支出。

　　●检查银行转账代缴项目。

　　●检查退休金款项。

　　●检查投资。

　　●检查所有的贷款。

　　●检查透支的金额（我知道我早就交代过不可以入不敷出，但你毕竟还是个凡人）。如果你不这样做，金钱会在不知不觉中流失。比如说，你可能忘记缴纳期限，没有偿还某笔债务。

**别忘记偿还到期债务。**

　　你必须遵守纪律，养成定期检查财务状况的习惯——例如每个星期一早上，不可以做不到。没错，不管外面天气多好，即使放假、即使你精神不佳、即使你有更棒的事情想做。如果检查自身财务不能让你感到心情振奋，那我担心你成不了富人。

我个人认为，你需要知道自己每天能赚多少钱，也要知道接下来的12个月，会有哪些重大支出，还包括常被遗忘的各种税金。如同老鹰一样对自己的财务状况严密注视，因为稍不留神，错误就会发生。

## 71.寻求财富顾问的帮助

除了写书，我也有一份正当职业，其实我有好几份和公司运营相关的工作。我知道专业知识很重要，有些事我该学习可是一直没着手进行。我不会自大到以为自己知道所有的专业知识。

我的解决方法是利用他人的知识来弥补自己的不足。我有许多导师，事实上，在不同的人生阶段，我都会寻求良师益友或是顾问来帮助我。但是现在我们仅就财富上的顾问作讨论。为什么需要财富顾问呢？

●顾问给你更丰富的经验。

●顾问会要求你清楚简明地表达自己的想法——这可以帮助你认真、长时间地思考自己要做的事。

●顾问会要求你证明自己要进行的投资是正确的——这样你很难

当个我行我素、不顾后果的人。

●顾问随时会提供你明智合理的答案、建议，最好的服务，还能促使你通盘、审慎思考。

●顾问总是掌握最新局势，就像情报收集中心。

●顾问独立作业，公正无偏见，不会有利益抵触问题。

●顾问独立作业，能提供忠实、有力的帮助，为你着想。

许多企业家在开创事业初期会雇用财富顾问。他们会寻求成功创业的人士，询问他们是否愿意引导新创业者并且提供建言（有时候还会帮忙牵线、拉关系或提供其他方面的帮助）。大多数有经验的企业家都很愿意将经验传承下去，为别人提供他们的专业技能是一项很开心的事情。我想你会有以下的疑问。

●我需要什么样的顾问？

●要去哪里找这些顾问？

●要花费多少钱？

●如果我不同意他们的建议，可以置之不理吗？

你要找的财富顾问，是已经通过自己的聪明才智和努力赚到了钱的人，而不是依靠继承或是买彩票而有钱。你可以在生活圈里寻找，像是你尊敬的成功人士，诚恳地向他们讨教，他们应该会觉得很光荣。

**你要找的财富顾问，是已经通过自己的聪明才智和努力赚到了钱的人。**

这一切不会花费你很多，一年的花费应该不会超过四顿大餐。你请他们去吃精致午餐，他们会回馈你好的建议、信息、意见、支持和鼓励，也会提醒你要小心哪些地雷。

如果你不同意他们的建议，可以置之不理吗？当然可以，我就这样做过一次，仅此一次，但是损失惨重。我公开地向他们道歉，而且再也不敢忽视他们的意见了。

## 72.相信直觉

跟着感觉走、倾听你的心、相信第六感、聆听内在的声音、灵光乍现、由心灵直接去感受和体验……这些话说的都是同一件事。

有时候，你就是知道：

● 有些事情不对劲。

● 有些事对极了。

要相信自己。

当然相信预感、听从直觉，和成为我行我素的人并不是一回事。

**相信预感、听从直觉，和成为我行我素的人并不是一回事。**

听从直觉是有迹可循的，也比你想象的还要理智。

● 保持灵感。

● 然后确认这个灵感是否正确——答案通常是正面的，但最好还是先做调查。

● 准备一份精心制作的计划书。

● 将这份计划书给你的财富顾问过目。

● 倾听他们的建议并执行。

如果没有事实和数据支持你的直觉，那么你的直觉不过是瞎猜，没有必要喋喋不休的抱怨，认为自己的直觉糟透了。直觉是突然产生的灵感，灵机一动的瞬间，你得到一个聪明又巧妙的直觉，但是你要通过事实和数据来证明它的正确性，不要因为突然出现灵感，就不用做功课或是去调查研究，你仍旧需要一些数据，也要制订计划。直觉力强不代表你要放弃理智，变得不切实际，只会天马行空的做梦。

许多人致富就是靠着当初那一点的灵光乍现。但是他们仍须将灵光转化成汗水，辛勤工作才得以实现梦想。我相信成功人士若是听到："你很幸运。"不！没有幸运这回事，只有一丝灵感加上随之而来的努力工作。

## 73.不要懈怠

有一句谚语："逆水行舟，不进则退。"形容得真贴切，追求财富也要持有相同的态度。当我们赚到一点钱，投资有了丰厚报酬，或是创业逐渐有成，人便容易心生满足，而不想继续奋斗。这样当然也行，但是我们不要这么做。现在更要上紧发条，累积更大的财富。我们要更机灵地观察，找到下一个进攻目标。现在的你需要加大投资、灵活运用、巩固原有资产、让资本增值，千万不可松懈。

**现在的你需要加大投资、灵活运用、巩固原有资产、让资本增值，千万不可松懈。**

我们能从沼泽里面出来，现在又要滑回泥坑里面去吗？但是真正

73.不要懈怠

有钱的人会不停努力，直到他们永远远离泥巴为止。人只要一松懈，便会习惯舒适而不愿再辛勤工作。要振作精神，重新出发需要更大的力气，我很清楚，因为我也是这么走过来的。

那么，请你加倍努力，重新唤起热情，点燃渴望之火，让我们继续辛勤工作。你不可以片刻懈怠，富人不放假、没有下午茶、没有午休，也没有假期，他们勤奋工作、全力以赴，掌握最新动向，处于背水一战，不给自己退路，专注于手头上的工作、干劲十足、双手牢牢握着转舵，哇！这些要求也太苛刻了吧。但是他们越努力工作，回馈也越丰厚——而别人会说他们多么幸运。

你应该坚持那些能让你致富的事情。如果找到一颗摇钱树，那就一直摇到没钱为止；如果只能靠它发一次财，就再寻求其他的方式。如果你的成功，纯粹靠辛勤工作，那要坚持下去。如果你打造出一条成功的方程式，就多打造一些。但是不管你靠什么成功，都要持续下去，不要关掉财源的水龙头，除非它无法再滴出水。即使如此，还是不要关掉，也许等一下水又源源不绝地流出来。

记住，不要耍小聪明，不要以为自己无所不知，善用财富顾问的力量和经验，要比周围任何人还要努力工作，不要张扬，坚持到底。

但是，不要忘记是什么让你成功——地点、方法、计划、使命。也要记得"不要反复修改"那条法则。不要改变成功的方程式，除非你确定改变只会更好，而且不会带来致命的负面影响。

## 74.未必事必躬亲

我之所以有许多财富顾问，是因为赚钱和做生意还有太多我不懂的事情。很多该做的事我却不知如何着手。我可以学，但我却没有那方面的才华。外头有这么多适合的人才，为什么要耗费力气学习？做自己擅长的事，雇用有才干的人来做你不会的事。简单地说，你只要挑选好真正适合的人，授权给他们，让他们帮你成为真正的富人。

**你只要挑选好真正适合的人，授权给他们，让他们帮你成为富人。**

下列有十种可以让你找到合适的人才，并留住他们为你效力的原则：

●确切知道什么事该做，谁最合适做这些事。

●下达清楚指令，明确告知你会付多少费用，以及你事先会给什么引导。

●关心他们——他们是人，不是机器。

●帮助他们持续成长、激发动力——他们会忠诚地为你工作。

●告诉他们你的长期策略——他们也会从公司的未来发展中获得利益。

●如果他们做错事——这时常会发生，大家都一样。纠正错误后，不要记在心上。原谅是好事。

●时常赞美他们——没有比赞美更能激励士气（金钱当然也做得到）。

●设定可行的目标，不要期待"不可能的任务"会完成。

●树立典范——让他们尊重你、敬仰你（没有人喜欢替笨蛋工作）——制定高标准，而且以身作则。

●记住你是老板，不是他们的朋友。你要维持庄重、权威且和员工保持一定的距离。

　　这样应该就够了。也许你会想尝试或是执行其他方法，上面这十项都很适用，靠你自己去发挥。要善待员工，和他们相处融洽，不要当个专横又漠不关心的老板。

## 75. 了解自己的工作风格

如果你想改变创造财富的现况和方向，你需要清楚两件事：

（a）你的强项和弱点；（b）你擅长哪些领域，哪些又明显不适合你（擅不擅长和强项弱点不是一回事）。

例如，我擅长找出大方向，但是细枝末节处一点也不在行。你了解我的意思了吗？你要清楚自己，这样在自己擅长的领域中，便能如鱼得水。对于不专长的事项，也能专心学习，可以多利用自己的强项，然后让别人来做你不擅长的（或是不知道、没研究过、没学过）的事情。

这样，你就清楚自己的做事风格，你适合单打独斗、两人合伙还是团队行动。像我总是需要稳定的工作伙伴，来纠正我一些业务上的偏差——我很容易鲁莽行事，偶尔会不顾后果，笨拙地一头栽进新方案、浪费金钱大打广告，而且也不注重细节。但对于团队或是超过两人以上的合作关系，我通常会拒绝或是稍作修改，因为我知道自己会把事情搞砸。若是两人合作，便会引起我很大的兴趣。

**我总是需要稳定的工作伙伴，来纠正我一些业务上的偏差。**

我也常常一个人工作，我可以轻易作决定（不保证都正确，但至少我不会闪烁其词、犹豫不决）。我可以长期一个人自在地经营公司，不需要伙伴一起讨论想法是否正确。自己一个人旅行也很惬意，也很擅长自己和自己对话。现在你一定更明白"了解自己"的意思了吗？

如果你想继续学习之后的财富法则，一定要做这个重要的练习。有几个问题你可以试问自己：

● 我适合一个人工作还是多人一起工作？

● 在团队中有我可以扮演的角色吗？扮演这个角色会让我更开心吗？

●和一个信得过的伙伴共同工作，会让我如鱼得水吗？

●我知道自己的强项和弱点吗？我知道其中的差别吗？

●我知道自己擅长和不擅长的领域吗？

我的生意伙伴说我们是最佳拍档，因为我们是"力量与智慧"的结合。唯一的问题是，我们都觉得自己是"智慧"，另一个人是"蛮力"。真是自我感觉良好。

## 76.发掘潜在机会

你必须随时保持警醒、不要睡觉、不要休假。一直处在戒备、寻求好机会的状态。如同西非的古老谚语所说："上帝不会给沉睡的人机会。"醒来吧！只有懒惰、怠慢和贫穷的人需要睡眠。你要完全清醒、不可休息，四处寻觅，这才是有野心、懂得把握机会的富人。我们周围有许多机会让你成就财富，你只要放开胸怀，迎接机会的神奇魔力。

**上帝不会给沉睡的人机会。**

如果你想找到宝藏，牢记以下5件事：

1.掌握关键时机：行动太慢会错失良机，过快又显得躁进。市场总是在不断变迁，流行趋势变化莫测，产品也没有永恒的生命期，因此，掌握关键时机非常重要。

2.态度要认真：偶尔才机警敏锐是没用的，隐藏的机会只会在它们想现身时才会出现。我总是把机会想成在水池边喝水的害羞小动物，如果你想要捉到它们，要悄声有技巧地蹑足向前。

3.脱颖而出：如果机会不多，你要想方设法地从人群中脱颖而出。别出心裁、独特、与众不同、富有创造力——随你形容，但是务必成为鹤立鸡群的那个人。

4.知道你在干什么：财富如同其他技能，都需要学习才能上手。要能够侦测到机会，又能夺得先机，你要全力以赴。你不可能从一开始就能读懂财务报表。学习需要时间、耐力和坚持。对自己的领域专精，能更清楚地看到机会来临。你可以利用"SWOT分析"技巧，也就是优势、劣势、机会和威胁来解析自己的情势。

5. 魅力十足：如果你的态度不友善，小动物会逃之夭夭。你要穿着得体，气味清香，外表看起来体面又大方，散发诱人的吸引力。

在我们周围，有许多让我们成为富人的机会。你尽管放开胸怀，拥抱机会的神奇魔力。你有没有留意到当你想换车，会突然发现路上都是你想换的那个品牌或是型号的车子？这些车以前就存在吗？当然是，只是你从没留意过它们。当你注意力集中，会像一道强光照射在这些车子上，它们都成为你关注的焦点。

机会也是一样的。当我们开始用心，会马上发觉机会充斥在你我身边，我们只需要一个启动器，出发去寻找。像换车一样，我们的焦点也会随之转移。

启动我们的机会侦测器是很重要的步骤，只要一启动，机会就会魔术般地出现在我们周围。

## 77.不要试着快速致富

我们之前讨论过要以长期的眼光来看待财富和投资。想要快速致富会让你失望，而且对挣钱这事感到很焦虑。你需要打稳财务的根基，不然一阵强风便会吹倒你辛苦建立的成果。因此，你如果花越长的时间打造财富，就会有多元的投资和收入来源。

要是快速致富的话，大多只能创造单一的财富来源，这样一来，失败的风险会增加许多。

**你花越长的时间打造财富，就会有更多元的投资和收入来源。**

如果你是逐步累积财富，通常意味着：

●可以建立长期的收入来源。

●可以购买保险，对抗经济衰退或是突发的市场下跌。

●可以找到时间，享受自己的生活——有和谐的工作和家庭关系，才能走得更长久。

●可以用诚实正派的方式赚钱。

●可以花时间作有意义的调整，才不会产生急躁又不恰当的花费。

●可以从过程中学习，让财务能够长期稳定成长。

如果你快速致富，将可能会：

●随意乱花钱。

●来不及学习如何妥善运用财富。

●只有一种收入来源而又失去的风险。

如果你真的想快速致富，或许你可以学习一下81岁高龄的 Stella Liebeck 太太。她控告麦当劳的咖啡过烫害她受伤。意外发生时，整杯热咖啡倒在她腿上，腿上的皮肤严重烫伤。她要求麦当劳赔偿290万美元，最后和解金额为64万美元。

整个事件不是一个预谋，但是却能快速达到致富目标。我个人宁

愿稳稳地累积财富，享受这个过程，也不要以控告他人来得到财富
——或是靠赢得乐透彩、至亲过世，抑或是嫁给富人，即使明知彼此
不和适，还是勉强自己结婚。靠自己慢慢赚钱，你会得到更多乐趣，
财富才能够长长久久，晚上也会睡得踏实。

## 78.怀疑，怀疑

我不希望你会变成一个偏执狂，但是以这样的态度对待金钱是好的。外头有许多骗子，妄想从容易上当的人身上拐走金钱。要小心！

Jeremy Paxman 是英国著名的新闻主播，他在访问政治人物时，总会想象他们都有不为人知的秘密，而 Paxman 的任务便是为大众找出事情的真相和原因。

当然也没必要认为每个人都想陷害我们，但是有个不错的技巧，可以帮助你应付下面这些人：

● 提供给你赚钱计划的人。

● 要帮你"看管"财富的人。

● 想要投资你的财产或公司的人。

● 给提供任何财务建议的人。

●想为你工作的人。

●跟你合伙的人。

●给你提供产品或服务的人。

你应该怀疑任何影响你财富的人、事、物。要小心这些人：

●承诺让你快速致富——但却是靠捷径、钻税收漏洞，或是不可靠但看起来合法的赚钱手段。

●提到"境外"这个字眼。

●提到传销或直销等相关字眼。

●宣称你会变得很有钱，并愿意和你分享他们的秘密——这个秘密就是利用像你这样的人来赚钱（详见法则68）。

●提供互联网赚钱的方法。

●要你先拿出一笔钱投资，以支付宣传和考察费用。

有三件事务必记得：

●如果它走路摇摇摆摆像只鸭子，呱呱叫声也像只鸭子，它一定是只鸭子。不要让任何人说服你那不是只鸭子。

●如果看起来美好得不像是真的，那八成不是真的。

●闪闪发亮的东西不都是金子。

**你要怀疑任何会影响你财富的人、事、物。**

务必记得问他们："你会从中得到什么好处？"不要相信任何人，不要让其他人来看管你的财富。签名的文件都要看清楚，确认小字印刷写的是什么。随时注意保护自己。

## 79.让钱生钱

　　许多人都会因为没有让钱发挥最大效用而感到内疚——不管金额大小或时间长短。像支票到期却不马上兑现,没时间、忘记或是不想做,而将钱放在低利率的账户,不做财务管理。

　　下面有几个提示,帮助你思考金钱是否在为你工作:

　　●钱不要放在银行的低利账户上——马上转到高利息账户,即使是几天也好。网络银行让你轻松转账,即使放置时间短暂也没关系。

　　●永远不满意自己享受的存款利率水平——外头一定有更高水平的利率,积极寻找。

　　●比较各家银行的服务,一定有更便宜的费率。你是为服务付费,而非银行名声大小。

　　●不让房屋闲置——房地产会增值,但是在等待的期间可以出租，增加收入。

●你的投资是否可以兼具增值和实用的功能？一辆经典名车会比一幅名画实用，车子可以载人，但是名画只能纯欣赏（虽然这也算实用价值，欣赏名画可以让人放松，有治疗作用，不过我们暂不探讨到这么深的境界）。

●研究市场上所有可能的投资选项。不要满足现状，要一直寻求进步的方法，让你的资金更增值。当然这不代表你要不断修改变动。

●尽快完成。今日事，今日毕，不要等到明天，现在就动手进行。如果你等上4个月才把支票存到银行，这表示你浪费了4个月的利息。

●永远记得，不利用金钱就是浪费金钱——运用它，或者失去它。

**永远不满意自己享受的存款利率水平。**

## 80. 知道何时放手

我有一套不错的算式很高兴可以和你分享。我认为投资要在5年内成长2倍，才算好投资。

我的算式是将利率分成72等分，就能知道要等多久投资才能翻倍。假设某个投资利率是6%，你需要12年，投资才能双倍成长（72÷6=12）。我等不了这么久，所以我理想的利率是14.4%（我当然知道，找到这么高的利率很困难，这只是一个比喻）。而这个算式适用于所有金额。

因此你如果想知道自己应该寻求什么样的利率，只需将72除以你愿意等待的年限，便能得到答案。72÷5=14.4%，天啊，好有用的算式，这是一些对你有用的东西，而我在此为你做了一切。

投资若不能在5年增长为2倍，或者它的财务前景趋暗（在没有罚金的状况下），我也会赶紧脱手。这是我操作的标准，你也要有一套自己的原则。

　　也许在这些时候你需要放弃投资：

　　●你的直觉告诉你不对劲。

　　●市场开始下跌。

　　●关于某项投资，你读到让你感到不寻常或怀疑的新闻。

　　●你需要钱作更棒的投资。

　　●投资报酬不高，而且成长缓慢。

　　●你已经达到最高的利润，该是脱手时间。

　　●这项投资让你损失利润，你不想再浪费时间等待。

　　●你的思想或情感产生转变，想要改变投资策略——例如，你以前只投资环保产业，现在想改投资主流产业，反过来也是同样道理。

　　●这项投资已经不流行——如果没有利润可图，过时的投资可能会造成损失。

　　●经济衰退或下跌时，你需要分配投资，将损失减到最低。

　　●你之前盲目投资，现在更了解市场——而且也看到这项投资不对劲。

●想要弥补损失反而会损失更多，情况只会更恶化——止损，离局。

有句谚语说："知识带来好运。"你知道越多，越能运筹决胜；若想赚越多钱，越需要对市场有通盘了解。慢慢来，运用你的知识、经验、良师益友给的好建议和最新信息，做出最佳投资组合。

我认识一个人，他购买自己所在公司的股票，在当时算是很棒的投资，因为公司业务蒸蒸日上，而且他是用员工价购买。当他离开公司后，听旧同事说公司遇上大麻烦，也看到新闻报道这个产业开始转移，他知道这对公司会有大冲击。可是因为懒惰没有在情况变糟的第一时间处理，现在股票市值只剩下当初买价的一半。他知道该脱手——但是却没有动手去做。

**如果投资结果不理想，要知道什么时候脱手。**

## 81.清楚自己是何种投资个性

在投资时，有一些错误的习惯是非常要不得的，像是轻易听信他人建言，或是不做功课，任意投资，一时兴起便投注大笔金钱。还有把钱全部放在同一项投资，或者把原本会赚钱的投资搞到赔钱等都很糟糕。最严重的莫过于无法设置止损点。这些都是我们该下工夫克服的错误习惯。

投资的方法有很多，但是你要先清楚自己是属于哪种投资个性，不然很容易受到坏习性影响。让我列出几种不同的投资类型来说明，希望你能残忍地点醒自己，诚实地评断自己是属于哪种类型的投资入。

●你有强烈的好胜心吗？如果答案是肯定的，你应该是属于热情洋溢的人，喜欢快速进场。你会花费许多心力学习投资，但是容易过度自信与乐观，而难以下决心设置止损点。

　　不过你也可以很谨慎，选择安全稳定的长期投资，这是明智的做法，但最大的问题还是出在运气下滑时不懂得停下脚步。

　　●不懂自己要什么的投资者，这种类型的人需要理财顾问的帮忙，如果你也是如此，那么容易在投资前耗费长时间深思熟虑（也许太长了）。你懂得止损，不会让自己损失太多，同样，也不太可能像他人一样赚大钱。

　　●有些投资者准备不足，他们投入很少的本金、太晚进场、容易把所有的鸡蛋都放在同一个篮子（可能是听从他人的建议）、市场在下跌时离场的速度太慢。

　　情绪与个性会影响投资是否赚钱。乐观、过度谨慎、好胜、没耐性、恐惧、绝望……种种的情绪都会左右投资者的判断。可是要知道，这样做会赌上你的退休生活、房子、海外假期，以及留给孩子的遗产。务必要客观、慎重，以及有计划地评估投资风险。

**　　情绪与个性会影响投资是否赚钱。**

　　清楚自己是哪种类型的投资者非常重要，你要懂得判断股价下跌时，何时该卖出。投资错误最容易让人无法正确思考，作出错误决定。总之，务必要学会止损，不要让损失越滚越大。对，我知道要做到这点有多么难。

## 82. 读懂资产负债表

如果你想设立或是投资一个公司，要先学会看资产负债表。这和利润表不同，为什么？因为利润表不能让你通盘了解公司营运状况。

例如，假设甲公司的营业额是100万，费用50万，则他的利润有50万，那表示这家公司营运良好，这样正确吗？事实不然，因为你从利润表中看不到这家公司欠银行200万。100万的营业额算是营运不良，况且它还拖欠国税局400万的税金，经销权也将过期，逃漏税的情况让它几乎面临停业，而且有强大的竞争对手在市场出现。要投资甲公司吗？我觉得很不妥，它已面临破产危机，一点都不值得投资。要远离这种地雷公司。看，读懂资产负债表是不是很重要？这样你才能看到公司隐藏的问题。

资产负债表收支一定是平衡的，你需要知道的基本算式：总资产－总负债＝净值，A－B=C。更简单的解释：你的所得减掉欠款，等于你拥有的财产。不管是管理自身财务，还是你服务的公司、自己开业的公司，或是你要投资的公司都适用。

**资产负债表的收支一定是平衡的。**

让我们更详细地探讨：

●A=你的所得——资产，这是你现有资产的总和，包括现金和任何可以变现的资产，像库存产品（可马上贩卖或是有价值、可生产成产品的原料）、公司或是你拥有的财产、设备、待收款项等。

●B=你的欠款——负债，这包括你的欠款、长期借贷、银行贷款。如果债主打电话来，你就得拿钱去还的都称为负债。

●C=你的财产——净值，净值就是A－B的结果。这可以显示出你或公司的真正价值。如果你将现有资产除以负债，答案大于1.5，那你的财务状况算是良好。当然这还得视不同产业和生意作调整，但可以给你一个概略答案。你也可以将净值除以资产的百分比，如果答案大于50，你可以安心。假设我的净值是3 500万除以资产7 000万的百分比（已动用资本）35 000 000：70 000 000=50％，但是资产如果有1.2亿，而净值只有3 500万，得到的答案约为29％，那情况可不太妙。

因此，当你听到有家公司的利润是100万英镑，而且愿意给你机会投资，不要马上一头栽进去，先要求对方给你资产负债表，详细阅读。资产负债表很重要，事实上，还有其他信息也需要一并参考，像公司的财务报表。信息越多越能帮助你做正确的决定。

## 83.比国税局早一步行动

千万不要逃税、漏税，这样做可能会坐牢——这也理所当然。我不是替国税局说话，逃漏税（犯法）和节税（合理）是有差别的。不要冤枉多缴税是合法的节税，但是处心积虑逃漏税则不符合法律规定。选错边可是会给自己带来危险，而且你也无需这样做，有很多人可以帮助你聪明节税。

**有很多人可以帮助你聪明节税。**

你的钱越多，你越需要节税的方法，而避税的成本也会增加——我认为节税和逃漏税是两码子事。当财富累积到一定程度，你需要专家帮你处理税务问题，你自然要付出很高的费用。你越有钱，税务问题越复杂。你有各种选项来规划税务，但是你要知道税务局会封堵漏洞、变更法律条文、紧跟在你和昂贵的节税专家后面，斩断每一个原本可行的节税方法。这个过程就像下棋，更加刺激和昂贵。

我不会给你任何具体的节税方法，因为法律条文变动太快，而且我不想遭到控告，但是下面这些方面你要谨记在心：

●成立有限责任公司：它负担的税负低得多，而且比自由职业多了许多好处。假定你收入不少，但没赚到什么钱，那没有节税的需要。要记得，任何人都可以从财政部查到你的公司记录，如果你到处吹嘘自己的节税方式，可能会被捉到。

●要充分利用自己的免税额度，不用损失的是自己。

●购物前先看看可否抵税。

●加入免税天堂（tax heaven）：但行动要快，这样的机会稍纵即逝。

●大笔投资退休基金：这是免税的（目前还没课征税金）。

●成为税金游牧族：将公司设籍在不需缴税的国家，要注意当收入或资金所得汇回英国，应纳税额会提高；还有即使是境外所得，也有需要报税的情况，请详读本国法律规定。

确定哪些投资可以不用报税，获得好的建议，而且愿意为好的建议付费。

## 84.让你的资产为你工作

你知道自己有多少资产吗？这包括长期资产（固定资产）和短期资产（流动资产）。固定资产需要一段时间才能转成现金，流动资产则容易转成现金。你把自己的资产列举出来了吗？如果没有，那现在做。

清单列举出来了吗？希望你清单上的资产，包含下列部分项目：房地产、土地、汽车、退休基金、现金、艺术品、古董、投资、欠别人的钱、家具和其他物品、专利、股票和债券、知识产权。

如果你有自己的经营实体，应该也包含下列项目：产品库存、半成品、原料、厂房和机器设备、器材设备、商标。

当你以白纸黑字逐条列出自己的资产，你会看见可以赚进更多钱的无限可能。下面是我个人的基本建议：

●别让资产闲置：如果你有房地产，善加利用赚租金。不只是当房东，车库也可以出租，空地可以改成停车场，这些都能赚取租金。思维扩散开，不要低估任何资产。

●只有能赚钱的才是好资产：资产一定要能增值才有保留的价值。

●不要有闲钱：钱放着不利用，就容易浪费掉。要好好运用，赚取更多钱。

**你会看见资产可以赚更多钱的无限可能。**

关于生意上，我的建议如下：

●库存和原料要保持在最低限量——多即是少。

●折旧并不好——设备尽量不要折旧，若是不得已就原谅自己。设备若没有折价，等于看不清设备的净值。

●利用资产贷款，购买更多资产，扩张生意版图。生意不是扩张就是缩小，它们像植物，不是越长越旺盛，就会枯萎死掉，你只能两者择一（我知道之前我说过不可借贷，那是指不要借贷消费）。

　　●厂房或是设备已不堪使用，若不顾安全持续使用，要面对的法律后果可能很难想象。

　　●不要过度扩张信用额，欠钱也是一种浪费。

　　●追讨欠款。

## 85.绝不相信自己只值那点薪水

相信自己只值老板付的薪水的人往往是把自己卖了一个低价。大公司靠的就是员工不多求来支撑的，可别让他们逍遥得逞。

有几点要叮咛你：

第一，如果你一直待在同一家公司工作，那些经常换工作的人，薪水常会越换越高，因此薪水一定比你多（不换工作也许有很好的原因，譬如这个工作让你很开心）。如果你一直没跳槽，要学会要求加薪，让主管看到你对公司的价值提升，证明你有加薪的正当理由。

第二，没有任何公司愿意多付薪水。你要主动要求，让他们知道你有更高的价值，你得付出行动，不能被动等待公司对你的认可。如果你是自由职业者，也是同样道理——没有人会突然提高你的工资，你要主动让雇主看到你有更高的价值。

第三，如果你总觉得自己应该得到更多，你会不倦工作，热切地追求成功。如果你接受自己只值老板付的薪水，也从不质疑，便会满足现状，且不受公司重视。

**如果你总觉得自己值更多，你会不倦工作，热切地追求成功。**

这本书不是教你如何获得高薪，但是下面有几点诀窍和你分享：

●不要接受目前公司给你的薪水——这是协商的起点。选择适当时机，提出要求。

●要清楚表达你认为自己的价值——理由是什么。如果你工作更努力、成果更丰硕、生产力更高、成效更佳，那你有资格要求更多的报酬。

●不只要求加薪——配车、增加退休金、假期、权责、办公室大小和环境、助理人数等，任何你想要的福利，都是值得协商的内容。

●如果遭受拒绝，一定要问清理由，以及未来要如何做，才能得到加薪或其他福利。. 清楚理由后，改正不受认可的行为或作风。

●一直保持冷静。

●绝不拿自己和别人做比较——你是独一无二的，没有必要比较。

## 86.不随波逐流

你可以追求任何你想要走的路，但是可能落得和许多人一样的下场。如果结局很好，你可以和众人一同分享喜悦，如果不好，当初何必费尽力气得到这样的结果呢？

创新是赚钱的好办法，看看最会赚钱的那些人，他们同样都分享过一件事，便是如何领先别人一步，以及开发创新的思维（也就是跳出框架），想出别人还没想到的计划和想法。这不代表你需要成为赌徒或是鲁莽的人，只要脑袋想法和他人不同即可。但这是许多人无法逃脱的问题，因为追随他人显然要舒服得多。如果方向错误，站在人群中可以分享悲伤，一起指责别人；但是独自行动的人若犯了错，便得一个人承担所有后果，这条路难走许多。

反过来也一样，如果一切顺利，你可以和大家共同庆祝，分享快乐。有点像一起看足球比赛，这种感觉很好。

**如果一切顺利，你可以和大家共同庆祝，分享快乐。**

勇敢地走自己的路，需要具备真正的勇气、信心和成熟的思想——更不用提你还得具备创新和不断前进的干劲，你要坚决地抛弃一起分享的悲伤和快乐。1987年10月，股市发生大崩盘，许多人在一夕之间损失的金钱难以计算。有两个人在8月股票崩盘前早已抽身，他们是亿万富翁Kery Packer和Jimmy Goldsmith。要知道当你越接近成功，你希望承担越少风险；而越接近失去所有，你越可能赌上一切。

几天前，我在一个投资经纪人的网站上看到：他警告投资人要赶紧售出某5只最受欢迎的股票，不管亲朋好友或是邻居怎么说，这几只股票已经涨太久，很快会开始暴跌。他要求投资人马上售出，不要盲目追随大众脚步。我在想，真正高竿会赚钱的投资人一定早已收手，将投资转到我们想不到的方向。

很多人曾经投资过鸵鸟农场，这些人现在到哪去了？也有许多人投资虫子农场，买虫卵回来孵化，再让大农场收购你的虫子，这主意听起来不错（大农场最好是会收购你的虫子）。

我儿子最近花了10英镑买了2只大蜗牛回来繁殖，要开始他的投资事业，他勤劳地喂养照料了6个月。我不得不要他接受事实的真相，这2只蜗牛只是平常花园里的一般蜗牛罢了。不是只有我儿子上当，他学校的很多小朋友也都受骗买了同样的梦想以及同样的蜗牛。

## 第四部分
## 守住财富

现在你已经拥有了自己的财富，一定不想失去它。下面章节会教你如何守住到手的财富。我想你现在应该能分辨大蜗牛和鸵鸟的骗术了。要如何守住、保护、享受和维持你的财产是最要紧的事。毕竟，要成为富人不容易，你一定不想白白浪费和挥霍财富，抛弃它或是把它送给我吧。你可以做任何你想做的事情。

有许多网站都声称为别人提供"看管"资产服务。一个都不要理会，他们通常都会有这样的广告词：今天就开始自己的财富旅程——不要浪费时间！只要你订阅他们的电子报，再买一本快速致富的书籍，他们便承诺3到5年间，一定让你赚进100万。

也许你应该要求退掉这本书，因为我保证，要有钱绝对逃离不了辛苦工作、坚持到底、专注、创新、不追随众人脚步、长期规划，以及额头上的汗珠。天啊，世间根本就没有快速致富的承诺可言嘛。

## 87.只购买好品质

我可爱的太太教会我一件事——信任值得信任的。当我们初识时，我是特价品的爱好者，超市卖的鸡如果有买一送一的优惠，类似这样的特价我一定不会错过。但是我的妻子却完全相反，她买得比较少，而且只购买好的品质（我只会煮一只鸡，另一只在冰箱放到地老天荒）。我的晚餐是不新鲜的鸡汤加上一瓶廉价的葡萄酒，而她却会端出香喷喷的鸡汤，外加龙虾和上等香槟。这样你就知道为什么我会爱上她。

**我的晚餐是不新鲜的鸡汤加上一瓶廉价的葡萄酒，而她却会端出香浓鸡汤，外加龙虾和香槟。**

我买了一包5件的便宜T恤，她只会买一件品质优良的衣服，而她的衣服有下列的优点：

●穿着时间比较久。

●耐洗。

●看起来更年轻。

●不易褪色。

●不易变形。

●不用费力打理（我开着一辆常常抛锚的烂车，害我常常迟到；而她买了一辆品质较好的车，每次抵达时，她都一副镇静、光鲜亮丽的模样）。

她告诉我，表面上或许花较少钱，但实际上是浪费更多，因为我得经常更换。我不但浪费钱，而且每次都因为身上的便宜行头而一副穷酸样。

购物注重品质对我来说算是困难的改变。我必须放弃童年累积的许多金钱的说法，像是：

●不要买超过你需要的。

●没有人需要穿昂贵的衣服。

● 不要将钱花在自己身上过多。

● 买到特价品比买到高品质的好。

可以从购物的品质看出你的生活方式，以及你对待自己和对待事业的方式。人们也会以同样的方式对待你。选购好品质，从长远来看能帮助你节省更多金钱——购买便宜货看起来节省，但事实并非如此。

## 88.确认附加条款

我可以拟一个保证不啰嗦，绝对退费的合约，即使要我对天发誓，如果违约会被老鼠咬死，而且要在法庭上作证，我还是敢让你详细审查合约。那么，我要卖你什么呢，如果你没有确认附加条款，可能会付出昂贵的代价。

**如果你没有确认附加条款，可能会付出昂贵的代价。**

我喜欢一些代表性的附加条款，像是将不合脚的鞋子退货，却被店员告知一旦出货，概不退货。有些药品包装上会印上很小的文字，写上服用后果自行负责，若有任何不适不得控告药厂。或是购买的电脑软件上注明,包装一旦拆封,恕不退货。但是没有安装软件,如何测试性能;如果没有打开包装,如何安装;但一安装,包装就不符合退货的规定。这真是狡诈。

有一个有意思的故事,一个人要把灵魂卖给魔鬼,魔鬼只要求5年的生命当作交换条件,这个人心想5年的时间很值得,于是答应了魔鬼的交易。太糟糕了,他没有看到魔鬼的附加条款,魔鬼要求的是他头5年的生命。你想想看,如果失去头5年的生命,那你还有生命可言吗?看来信用卡公司还不至于邪恶到这种地步。

"确认附加条款"是什么意思?你要确认什么?下面有些基本原则提供给你:

●查看合约是否包含你想要的东西。

●查看是否有任何条款,隐藏着扭曲原意的文字。

●查看是否有惩罚条款——会有时间限制或是任何不退款的要求。

这样的规则有点像阅读食品包装上的那些小字。如果你不喜欢里面的添加物,那不要买,继续在架上搜寻,购买有机、环保、新鲜、

未经加工……的食品。如果包装上有附注文字，你就会警觉起来。附
注文字只有一个作用，就是使事情对你不利。

## 89.不花没到手的钱

我觉得不提早消费真难，我承认这是最难做到的财富法则。要如何学会这个法则？有什么诀窍吗？下面几点我们一起尝试：

●编制预算，而且只编到今天，如果没有预算，一定要忍耐不花。

●忽视自己知道或认为即将入袋的收入。

●预存税款——比你认为的要多。

●没有贷款、透支或借钱，才不会想用未来的收入偿还今天的借款，人们总是会想反正即将有收入进账，可以用未来的收入偿还债务（这很要不得）。

消费未到手的钱，有下列坏处：

●不一定拿得到这笔收入，或是金额少于你的预期（小鸡还没孵化前，不要先算自己有多少只鸡)。

●泡沫会破灭的，如果你总提前消费，有一天会自食恶果。

●导致疏忽大意的理财风格。

●不管买什么东西，有一天会失去吸引力，被你遗忘或是坏掉。

●失去对现实生活的掌握——未来是梦幻的，除非成为今天才是真实的——提早消费很容易养成过度消费的坏习惯。

我有四大步骤，阻止自己提早消费：

1.反问自己是否一定要买，还是能缓一缓——等待是应付"无法控制的欲望"很有用的策略，多等一会，欲望会慢慢消失。

2.提早消费会产生利息，反问自己是否愿意多付利息。

3.反问自己会有哪些风险。如果提早消费，万一明天发生意外急需用钱，怎么办？

4.反问自己，如果提早消费，万一有更棒的东西，怎么办？

告诉自己最好先等一等。

跟我这样做，你就会大幅降低信用卡消费金额。

**提早消费会产生利息费用。**

## 90.储备退休金

当你认识到自己不再年轻，仿佛可以看到路的尽头，不再像年少时，人生道路遥遥无止境，你要确定当不再有高收入后，你仍旧能保持现有的舒适生活和享受。

你应该为你的老年储备退休金的理由如下：

●你不能依靠政府。

●如果你无法靠自己的存款生活，就得仰赖陌生人的善款，或是家人的资助（这会拖累他们）。

●如果你没有养老计划，你可能会失去舒适的生活和享受。

●你会失去财务自由。

●你可能会失去行动能力，要付许多医疗账单。

●年纪越大，行动越不便，你无法再像现在一样努力工作。

●你也不想一直努力工作（也许你想持续努力工作）——多数人应该都想有时间坐下来欣赏夕阳，如果不是年纪大才有这种闲暇，还有什么时间能？

那么，我们为什么要储备退休金呢？年轻时，总是很难想象会有年老的一天，因此不觉得需要事先准备。我们忙着享受生活，哪有时间思考这种事。每天忙于照顾家人、孩子，总是将自己放到最后。光是应付房贷、车贷、繁忙的工作，便分身乏术。而且还没到50岁开始赚大钱的时间，哪有多余闲钱可以储蓄……还有太多太多的原因。

如果想要存点钱，下面几点指引也许可以帮你：

●什么时候动手不迟，但是越早开始对你越有利。区分消费先后顺序——将花费逐项列出，确认未来是否有保障。如果看不到未来，将预计花费的清单挂在显眼处，暂缓购买新游艇和去巴黎旅行的计划。

●到了50岁却没存多少钱，就要投入一大笔钱到退休规划上。

●管好财务状况，不要浪费——将钱用在财务规划上。

●如果你没有退休金，要确保自己有一些东西可以维持你的晚年生活（是否有可变卖换现的房地产或股票？）

●总是寻求高利率的存款账户或投资，将钱转进去，做最好的利用。

当你年纪渐长，需求会逐渐降低——只要孩子成年离开家里，你可以换成较小平米的房子，把多余的钱变成投资。

年轻时，总是很难想象会有年老的一天。

## 91.储存意外准备金

除了老年规划，你还要储存意外准备金。我不能详细列举所有的紧急事件，但下面有几点值得你思考，看了别做噩梦：

● 意外——车祸、工作伤害。

● 突发的法律问题——被不当控告或是遭到拘留。

● 土地纠纷——代价高昂。

● 孩子惹麻烦——不要阻止我念下去，因为他们可以惹出太多数也数不清的麻烦，像吸毒、意外怀孕、被警察逮捕、无照驾驶、生病、旅途中发生意外（年轻人常常玩到没钱或不想玩了，打通电话要父母亲寄机票让他们回家。把他们从泰国接回来，可不便宜）。

● 天灾——水灾、地震、海啸、干旱、地层下陷、森林大火、瘟疫（各种传染病毒）。

●突然被裁员。

●公司突然遭到清算。

●经济萧条。

要存多少钱？存在哪里？聪明人会存3个月到半年左右的生活预备金，足够维持相同的生活水平而不受影响，大概是年收入的一半。当然房子若被海啸摧毁，可以拿到保险金；但是你仍旧需要意外准备金，帮助自己渡过难关。医疗费用也可以由保险公司支付。

那么，把钱存在哪里合适？大部分人会存在高利息的定存账户，但要能马上解约。我还注意到精明的富人会将现金放在保险箱，以备紧急时快速取用。

只要看看大规模的天灾，便知道钱很快会被花光，而且当下很难从传统渠道迅速拿到所需的现金。像路易斯安那暴风摧毁整座城市，银行也泡在十英尺的水里面，而且现金很快变成没用的货币——食物和水最重要（还有枪，希望这种情况永远不要发生）。

你可能会想购买足够的保险，降低意外发生时的冲击。或者你比较喜欢将意外贮备金放在容易解约，又有高利息的账户里，像是定存账户或是货币市场存款账户。当然还是咨询你的理财专家获得详细的建议。

**精明的富人会将现金放在保险箱，以备紧急时快速取用。**

## 92.货比三家不吃亏

前面说过买东西要购买好品质，但我并不接受同样品质却要付上更高价格这种事，尤其是一些昂贵的商品。譬如说，我一个好友最近花大钱买了一辆很棒的车子。我好羡慕，羡慕到我破坏自己的规则，开口问他花了多少钱。当我听到价钱时，我真不敢相信我的耳朵，忍不住回道："你说你付了多少？"

他说："我花得起这个钱。"当然他花得起，但这是原则问题。我说："你可以在很多地方买到更便宜的价格。"他回答："你说得没错，可是那要花时间和精神。这个价钱，我只要打一通电话，一切搞定。"

我还提议可以帮他到别的地方花较低的价格购买一辆，省下的差额两个人各分一半。他还是坚持自己已经赚到这笔钱，只想轻轻松松地坐在沙发上，打电话，就有人把车送到家。他认为这是财富的好处。

理智的富人不会像我朋友这样有钱就乱花钱，他们会这样做：

●至少向三家厂商询价，而且不接受对方第一次的报价。

● 货比三家，确定自己没有多花钱。

●如果是辛苦钱，要小心花费。他们不是小气，而是谨慎、选择、辨别。

有句谚语："花钱容易赚钱慢。"这真是至理名言。多年辛勤工作存下来的钱可以在几秒钟内花费殆尽。花钱要精明谨慎，不用虐待自己。但是我仍旧希望你把钱花在刀刃上，不要浪费在没意义的事物上。

**希望你把钱花在刀刃上，不要浪费在没意义的事物上。**

我认为从小就要培养孩子财商。孩子们常被色彩缤纷、吵闹发声的电视广告所吸引，如果父母亲不喜欢，他们更是非要不可。他们抱着包装精美的商品开心地冲回家，但过不了多久便失去兴趣。对小孩的教育要趁早。

　　你自己也要从购物中学到金钱的价值，挖掘其中的乐趣。网络比价很容易，货比三家，确定自己没有浪费。

## 93.别向亲友借钱（但可让他们给你投资）

我们应该快速回顾一下亲朋好友的用处——也想想你对他们的作用：

- 关心。

- 关爱。

- 支持。

- 维护。

- 帮助。

- 建议。

- 安慰。

- 分享。

亲朋好友不是用来：

- 借钱。

- 盗窃。

- 欺骗。

和亲友借贷是很不好的习惯，不但会产生问题，还可能造成彼此嫌隙、互相指责和猜忌。借贷容易危及亲友关系，不要跟亲朋好友借贷。

**向亲朋好友借钱是很不好的习惯。**

此外，亲友间的借贷并没有法律认可，我指的不是花 5 英镑买一瓶酒的钱，而是一大笔钱——当然钱的多寡，取决于经济条件。不管你向亲友借钱，还是他们跟你借钱，彼此之间的借贷没有法律保障，如果发生问题，便会求偿无门——而且很常见——毋庸置疑。

我知道你们可以签订借款协议，甚至还可要求和银行一样的利息，但仍旧非常冒险。如果你控制不了局面，时间到了却没钱还，很可能失去这段情谊，亲友的情谊对你一定比这笔钱重要。

唯一例外的是，如果亲戚朋友想要投资你的事业，他们清楚你在做的事情或是投资，他们可能愿意承担将钱拿出来的风险（详见法则97）。但万一事业或投资失败，你依旧无法承担失去亲朋好友的风险。他们太重要了，不能失去他们。

## 94.不放弃股权

这条法则适合自己开公司，或是想要创业开公司的人。"不放弃股权"对创业者来说很重要。

这么做的目的在于维持财富，因此千万别交出股权（股份或是股本），不然别人会平白从你的血汗钱中分一杯羹。宁愿付出一笔现金，即使你会因此多出利息费用，也不以股权作为交换条件。

在后面的一条法则，我会教你如何要求别人以股权作交易。这和"不放弃股权"不同，因为你是借方，是受益人，不同的处境有不同的处理方式。

有一个误导的概念，认为拥有公司的全部股权是不好的，很多公司顾问会建议你分让出一些股权，但我发现真正成功的富人都不做这种事，他们紧紧握住自己赚来的每一分钱。真正成功的富人宁愿借贷或是欠债，也不愿意出让他们的股权。

公司顾问会建议你尽量避免和银行借钱，因为银行可以快速关闭你的公司。创投资助者会借钱给你，但他们通常会要求分享你的股权。

如果你必须交出股权，要确定你的股权被用于以下交换：

●商业技能和商业智慧。

●改变决策层结构。

●股东投资资金，但不插手营运，这样你才能按照自己的方式经营。

●出让一个合理的比例，你才不会放弃太多权利。

●有股份回购条款，未来当你有足够现金，才能购回自己的股权。

我和几位股东共同开创经营一家公司，但是他们的股份没有投票表决权，因此即使他们拥有部分的公司所有权，却不能控制公司营运。事实上，那些股份是作为他们向我提供建议而获得的酬劳，而不是因为我向他们借钱而出让的股份。

**绝对不要把公司控制权交给任何人。**

如果你需要金钱的资助，你只能接受那些实际在该产业工作过的人，而且知道产业的起伏消长以及相关问题的人。永远记得，绝对不要把公司控制权交给任何人。

## 95.适可而止

知道在什么时候功成身退。我知道我说过要精益求精，永不休息。没错，但那是你事业刚起步之际，而不是已经飞黄腾达，比你想象的还要有钱的时候。我们要知道适可而止，当你想完成下列梦想，便是停下脚步的时候：

- ●想要多陪伴家人。
- ●享受生活。
- ●拥有乐趣。
- ●旅行。
- ●希望改变工作和生活的比例，想多花时间享受生活。
- ●和他人分享你的知识和工作经验。

**人要知道适可而止。**

当然，你可以一边享受生活一边工作，不用为了享乐而放弃做富人，但是你要改变人生的优先顺序。获得财富当然是好事，但是当你已经成为富人，你要恢复原本对人生的志趣。

我钦佩像比尔·盖茨这样的人，他从工作岗位退休后，投身于慈善基金会。虽然如此，他的事业每天为他赚的钱，仍旧多到他数不清。他一定是靠利息的利息的利息生活……

财富排名世界第二的巴菲特也是如此。事实上，他还赞助比尔·盖茨的慈善基金会。我知道他们经手的金额都是10亿以上，但是他们有颗善良的心。这些人是财富法则的创建人，还有许多位做着同样事情的富人，像是多米诺比萨饼的创始人 Thomas Monaghan，捐了10亿美金，设立 Ave Maria 大学。

你无论如何也不能和他们相提并论，但是你仍旧可以在人生规划中设下"适可而止"的范围。不然你要等到什么时候停止？要多有钱才够呢？俗话说："有钱出钱，没钱出力。"当你很有钱，就贡献一点给社会——之后的章节会有更详尽的讨论。

我没有逼你一定要捐钱给慈善团体，但是我建议要知道自己何时已赚足财富，对你来说这很重要。我知道有句话说"钱永远不会嫌多"，但是人生有这么多层面，赚钱只是其中一部分，不要把整个生命都投注进去。

第五部分

分享财富

你努力工作才有今天的财富，让你分享财富似乎很不公平。如果你不能当个乐善好施的人，有可能成为紧抱着财富入棺的守财奴。

钱可以做很多事，可以钱滚钱、增加财富、再投资、守护它，可以用它做好事、做坏事，拿来投资、赠与，或是分割、留给后代子孙，当然也可能失去它，但是最好的毫无疑问是分享财富。

这里我指的不是做善事，但会分享是件好事。财富分享不保证你一定会上天堂，可是因为你懂得财富分享，很多人将受惠。我知道你天天不辞辛劳，才有今日的成就，为什么要和懒惰、不认真工作、只注重享乐的人分享财富呢？没错，你说得对。不过我们想帮助的是比较不幸、生活贫困、先天有残缺的人，还有值得我们帮助的人。

　　财富就像一幅美丽的画，你可以挂在书房里独自欣赏，也可以和大家共同分享，让喜悦加倍。你说这样做财富会减少。真的吗？财富真的会减少吗？我对这点存疑。我认为你捐出去或是帮助别人的每一分钱，其价值都将翻倍，或许不是金钱上的直接回馈，但会以其他方式回到你身上。

　　我不想逼你分享你的财富，只是我发现真正成功、快乐的富人都愿意分享他们的财富，这对我们都是重要的一课。

## 96.聪明运用财富

有一天我在报上看到，有一对从事摇滚音乐的夫妇，搬到乡下牛津郡的一座大房子（面积有九英亩）定居，全心养育孩子。我心想这真是明智的投资，这样做有很多好处：

● 有个稳定的场所养育后代。

● 只要房价不断攀升，置业是很好的投资。

● 可以不受城市污染，享受郊区的安静平和。

● 乡下人情味浓，邻居会帮你照顾孩子。

● 房子可以留给后代子孙。

然而，在同一版面中，还报道着一个因为染上毒瘾无法自拔，而常常上报的模特儿。吸毒真是昂贵的习惯。你应该看得出我为什么对这两则新闻有兴趣，一个是明智的投资；一个是自我放逐、纵情玩乐，沉陷毒瘾。

　　我不是一个搬弄是非的人，但是我注意到比起一毛不拔或是放纵自己享乐，且老爱炫耀财富的人，那些会妥善管理财富，而且大方和众人分享时间和金钱的人，得到的回馈更多。我该停止啰嗦不再讲大道理，这些都是我亲眼观察到的，相信你也看到许多类似的例子。那些滥用财富的人，不会一直富有。思考下面这几个关于聪明管理财富的问题：

- 自己成为富人的原因是什么？
- 财富的最佳支配方式是什么？
- 对财富的长期目标和希望是什么？
- 你觉得财富会带给你什么？
- 如何利用财富造福他人？
- 你想要怎样的世界？
- 你想要世人如何看待你和你的财富？
- 我们离开世间后，社会对我们会有何评价？
- 我们能为世界留下些什么？

**那些滥用财富的人，不会一直富有。**

我个人认为，最妥善利用财富的方法是教导孩子如何赚钱、投资、储蓄和聪明消费。当我们越来越有钱，越需要和孩子讨论金钱的问题。孩子需要学习有关税金、保险、消费，以及其他各种和钱有关的事物。以前没人教过我们，因此自我学习的过程充满艰辛。当然，除此之外我也会确保孩子毕业前，读写能力没问题，而且会开车——有谋生能力。

## 97. 别借钱给亲友，除非不打算要回来

你会和亲朋好友分享你的财富吗？当然会，但是如果你想保持身心不受伤，我强烈建议你不要这样做，除非在心里，你已经打算不要这笔钱。当他们不还钱——而且我打赌他们不会还——你才不会痛苦。如果你希望他们还钱，可是亲友耍赖不还，你可以想象自己会有多受伤和失望吗？

我有三个儿子，我相当了解借钱给人却拿不回来的心情，只是我把钱花在他们身上就像花在自己身上一样。不过我们有游戏规则，他们要跟我拿钱，必须以借贷的方式，而且以后要还。有时他们会还，这让我很惊喜；有时他们忘记没还，我也算了。（希望他们不会读到这篇，不然我会像老鼠被他们三个追捕。）

我珍惜他们，也很珍惜和他们的关系，我不希望因为丑恶的金钱

和他们争吵，毕竟还有许多事要吵。

如果你借钱给朋友，损失的不仅是金钱，你还失去了友谊。他们心生愧疚不敢来找你，而你是心疼损失不想看到他们。结果呢？朋友做不成了。

**如果你借钱给朋友，损失的不仅是金钱，你还失去了友谊。**

如果你能一笔勾销欠债，继续彼此的情谊，那他们很快也会忘记愧疚，认为你真是好人。但是你可以直接拒绝，两种情况都不用面对（详见法则100），不然就直接给钱（详见法则101）。

我曾经在网络上读过一篇相关文章，有个年轻人借给大学室友350英镑——不是一笔大数目——但是室友不肯还钱。他在借钱给室友前，问过几个他们的朋友这个人的信用如何，大家异口同声都说，这个室友是有借有还的人。后来年轻人和室友关系紧张，尽管他提出让他的室友可以每月偿还他50英镑。更糟的是，他也和那些朋友吵架，因为他们说这个人有借有还，才会害他惹上这个麻烦。

文章最后建议他通过法院解决这件事情，但是我认为这样做不仅钱拿不回来，还有可能付出更多诉讼费用。最好从中吸取教训，放下心中怨恨。我知道对年轻人来说350英镑不是小数目，但是宝贵的教训都是不便宜的。文章还建议他有权拿朋友的财物作抵押，但我还是认为应保持心情愉快，放下执着，并不再犯同样错误。

## 98.不借钱，但是可以入股

如果某人为了创业或是扩大业务这类原因向你借钱，你可以这样回答：

"不行。"

"可以。"

"但是，条件是……"

"要有股份。"

"可以，但要有可转换的债权。"

第一个回答"不借"很侮辱人（见法则100）。第二个回答"可以"，绝对不能这么回答，借钱给亲友不是明智之举，除非你打算不要这笔钱（见法则97）；而且会借大额金钱的人，和你若不是十分亲近的人就是你比较了解的人。

这么说来，我们只有最后三种选择——条件交换、股本或是可转换的债权，当然应该还有其他方式。以下分别说明：

条件：如果你问我，我会说这是徒劳无功的尝试。条件是当你成功之后要还我，听起来一点保障也没有。条件是这笔钱不会乱花；但当他钱到手后要怎么花，你也管不着。条件是只能做有益人类的事……听起来都很弱。条件交换很棘手，很多人借钱时总会大言不惭的向你保证："如果你好心借我钱，我保证怎样怎样……"哈哈，做得到才怪。

股份：比条件交换好多了。你不是借钱，而是投资。如果成功，你可以回收利息；如果失败，只能怪自己当初不应该借钱或是投资，这是自己判断力不足所致。要求股份通常不是成功就是失败。只有成功钱才能拿回来——也许你应该在他的事业成功时才借钱。

可转换债权：比上面两个都好。这是指债权持有者可根据自己的意愿，在一定期间内按规定的价格或比例，将债权转换为公司股份。你有合法的还款细节，这算是结合贷款。如果投资方案成功的话——应该要成功，不然一开始你就不该借钱给他——你可以将借款转换成股本。这样才值得你借钱给人。

如果有人向你借钱，你要求将借款改成可转换成股份的债权，是去芜存菁的好方法，可以从中看出哪些是认真可靠的人。如果投资方案失败，你可以把钱拿回来——理论上而言。投资失败应该不会剩下钱，但你会有他们作为抵押品的房地产（我知道，我讲过不要拿房产作抵押，但这是以你为借款人的立场而论；如果你是贷款人，一定要有抵押品）。即使是我的小孩向我借钱，我也会要求像是车子或是房子等当作抵押品。我可以借你钱，但是要分我股份；那么你就不可以在厌烦或者不安分的情形下未经我的允许就把它卖了。奇怪的是，只要一听到我要当股东，通常都会放弃向我借钱。不过这样我就知道，他们根本就不是要投资，而是要借钱买别的东西。

**要求将借款改成可转换的债权，是去芜存菁的好方法。**

## 99.财富生不带来，死不带走

我知道有句俗语——终点获得最多玩具的人是赢家。然而，在你离开人世的时候不能带走任何东西，财富生不带来，死不带走，你无法用金钱购买天堂的入场券，也不会因为有钱就可以拿到不下地狱的保证卡。你只能孤单离开世间，两手空空，如同你初到人间。因此，你的努力到最后可能换得一场空。除非你把握时光，趁自己还有能力，赶快运用财富造福世间。若等到躺在养老院流口水时，可来不及成为乐善好施的人。

不愿意放弃对财富的占有会受到财富的牵制——有人甚至千方百计想把财富一起带离世间，听起来很怪诞的想法。你可以把财产留给子孙，但是千万别等到闭上眼睛，不然你的孩子可得付上一大笔税金。

**不愿意放弃对财富的占有会受到财富的牵制。**

无论你要如何处理财产，方法一定要正确——没什么事比鲁莽行动更令人烦心——不然你的孩子就等着支付一大笔税款。

你可以买保险应对你死后的纳税义务。你必须估算应付税额有多少，再购买终身寿险作为对冲。你可以考虑个人信托规划财产，将名下财产权交由信托机构。信托物大部分以不动产为主，在将任何财产交给信托机构前，要非常小心拟定合约内容，如果发生错误，会比什么都没处理还糟糕，而且法律可能会改变，例如英国最近便改变信托资产收益纳税方式。

我不是财务咨询专家（我可以教你财富法则，但是你仍需要专家提供对你最有益的详细报告），但我觉得应该在逝世前把这些事情搞定。你可以把全部遗产留给配偶，以避免缴纳遗产税，但是等到配偶也离开了，税金可是非常可观。换言之，这种做法只是延迟问题的发生，而非根本解决。

## 100. 知道何时说"是"或"不"

你有钱之后，别人可能会这样看你：

● 容易从你借到钱。

● 欠亲友点什么——你们相识多年……

● 可以在你身上捞些好处——你不会知道是什么。

● 低利息或是免费财源——跟你借钱，比辛苦撰写创业计划书，和银行贷款简单多了。

我没说一定有人觊觎你的财产。事实上，风险大多来自设计精美的投资小册子。你要何时点头说好、何时拒绝，又何时两个答案都拿出来用呢？

就某种程度而言，拒绝亲友比较简单，你可以宣布不借钱给亲戚或朋友（法则 90）。只要你坚守原则，他们会懂得不开口。

拒绝同业也很简单，只要请他们跟你的会计或是财务顾问开口就好。告诉同业，除非你的会计或是顾问答应，在他们将任何细节研究透彻之前你不会采取任何行动。这是你的挡箭牌，他们会知难而退。如果他们的计划周详可行，可能值得你考虑。

下面情况，你要敢于开口拒绝：

●直觉告诉你不要借。

●一开始他们的计划不周详，以懒惰开始，他们也会一路懒下去。

●你和他们没有关系——对陌生人一律拒绝。

答应或是拒绝都可以，这是你的钱，你可以自行决定，下面步骤供你参考：

●不要有任何内疚感——这是生意。

●确定你了解整个来龙去脉和细节——这是为什么聘请顾问有好无坏的原因。

●做个神龙见首不见尾的人——让上门借钱的人很难找到你。

●不要为了要让亲友开心就答应，这对你是情感勒索。让他们知难而退，你不用有罪恶感。

●拒绝要断然，不要用"也许"、"再看看"或是"我需要考虑一下"这种模棱两可的字眼。直接拒绝，不用让他们担心很久——包括你自己。

●不要被借钱的人纠缠不清，要坚定。

●在他们还没提出要求时制止他们，你可以简单地说："我希望你从来不会开口跟我借钱。"

## 101.赞助的艺术

我喜欢这条法则。下面这几种人值得我出钱资助，但是给钱要给得恰到好处是有挑战性的：

- 没开口借钱的人。
- 需要资助的人。
- 值得资助的人。
- 会妥善使用钱的人。

资助是有技巧的，不让他们觉得亏欠你人情，或是认为自己不值得受到资助而有罪恶感。不管我们是否有钱，这条法则都要好好练习。身为父母，我们常会资助孩子买车、买房……他们口头上说："我会还你。"但你心里知道，他们不会还。如果你能给钱给到他们不觉得对你有所亏欠，这条法则就做得很好。

　　下面有一些小秘诀，帮助你在资助他人时，不让他们觉得尴尬，你也不会觉得不好意思：

　　●你可以说："有一天，也许你会中大乐透。"这句还不错，希望他们也和你一样幸运，有一天会发财有钱，而且只在他们有钱时才需要还。

　　●"财运无常。"这句的含意是你现在鸿运当头，但是人生未来不可预期，自己不一定永远这么好运，如果有一天你需要帮忙，他们可以回馈你。

　　●"我喜欢让朋友开心。"看着我的朋友痛苦/有麻烦/欠债……我怎么开心得起来？如果你不开心，我也不开心，那我帮助你，等于是帮助我自己。你讲到这样，还有谁拒绝得了你的帮忙？

　　●"我为什么要帮助朋友呢？"这句和上面的很类似，不过仍旧很有用。这样讲，等于告诉朋友：不然要朋友干什么？你过去也帮过我、支持我等，所以现在为什么我不能帮助你呢？

　　●"帮个忙，让我少缴点税。"如果我能减少一些现金，便能少缴点税，帮我个忙，接受一些钱，我会很感激你。

　　●"税务局将会在我死后得到这些钱。"所以让我给你一些钱，你开心，我也开心。

●帮他们整修房子，改善居住条件。你可以拥有部分所有权，除非要卖掉房子，不然他们一毛钱都不用付。到那时，你的投资增值应该比定存的利息高。如果没有更高汇报呢？你的用意在帮助他人而非赚钱，所以他们会一直感谢你。

我相信只要你动动脑，一定会有更多资助人的好方法。嘿！不觉得这很好玩吗？乐于助人、仗义疏财、分享财富，你会富有创造力地实现这些目的的。

**资助是有技巧的，不让他们觉得亏欠你人情，或是认为自己不值得受到资助而有罪恶感。**

## 102.让孩子体验穷困

如果你想要求父母亲借你一大笔钱，或者礼物，那你最好把这本书的库存都买回来烧掉，因为你不会喜欢接下来我要讲的事。

父母们，如果你们读到这条法则，那听我的话，不要借孩子们钱。不要溺爱孩子，让他们学到金钱的价值，让他们懂得用钱要谨慎。你有钱不代表他们可以从小伸手要钱。

**设定每月零用钱的额度。**

这方面我一直做得很糟糕，但我在不断学习。有的父母一毛不拔，也有无限量供应、过度溺爱孩子的父母。我想和大家谈谈设定孩子每月零用钱，以及成立信托基金的事。

设定每月零用钱的额度是不错的方法，这样孩子必须量入为出。他们可以学习规划预算、省吃俭用，才不会到了月底，甚至月中便花光所有零用钱。在孩子开始上大学时，大概是给零用钱的最好时机。在孩子们成为大人的过程中，同时也学到许多新鲜事，像性爱、毒品、晚归、交到损友、饮酒作乐……这时培养收支平衡的习惯，对他们来说是一件好事情。

你可以替孩子储存买房子、车子或是创业的钱。帮孩子管理大笔金钱，不要给他们机会把钱挥霍在昂贵的液晶电视，或是价值600英镑的名牌包上。他们要钱得跟你解释，你可以限定钱的用途。替孩子设立信托基金，就可以确保你离开世间后，他们能得到妥善的照顾。或是等他们年龄稍长，完成学业，能明智运用金钱时，将钱整个过继给孩子。我个人会等到这笔钱对孩子的人生有真正助益时，才会把钱过继给他们。我认为大概是他们入社会，有份良好的工作及稳定收入后才恰当。

无论如何千万别告诉他们，到了25岁时就可以继承到大笔财富。孩子会失去奋发向上的动力，他们会认为，时间一到就能成为富人，何必需要努力。你要袖手旁观，让孩子以为必须自食其力，这样他们才会成功。

　　给多少零用钱才合适？只有你才能计算出最适合的金额，你要观察孩子的日常需求，以及考虑他们的年纪。如果他们是青少年，便可以一起讨论——这是相当痛苦的拉锯战。和孩子辩论，让他们证明自己要的零用钱很合理，这样会让孩子们在花钱的时候感觉到钱的价值。

## 103.挑选慈善机构

成为富人之后，你将收到应接不暇的慈善捐献要求。我指的不是经常收到的，那种只要你汇一点点钱，就能喂饱一家人，或是拯救雨林、带给盲人光明等等的感情敲诈信，这种赚人热泪的垃圾信件，你不要因为同情就汇钱过去。

我这里说的是支持特定事件或人物的大笔慈善捐献。我对救助濒临绝种的企鹅、鱼类或是信天翁这种事总是心存怀疑，当然这绝对是个人主观看法。你怎么知道自己救了哪一只，在动物园至少可以看到自己赞助的动物；但是在野外，要看到它可是太难了。

**我对救助濒临绝种的企鹅、鱼类或是信天翁这种事总是心存怀疑。**

下面有几点建议，帮助你选择好的捐助对象——而且适合你自己：

●知道你关注哪些方面——是地球、鲸鱼、儿童、穷人还是癌症研究计划。

●决定你要采取的行动——纯粹捐钱、参与活动、成为顾问或是帮忙募款（我自己便一直想要驾驶绿色和平组织的充气小艇，我觉得那看起来很酷）。

●找出你觉得适合的慈善机构，在网络上阅读相关信息，看看彼此信念是否一致。

●审查慈善机构的财务报表、账目、宣传手册、活动信息、会员资格和使命宗旨。

●相信自己的直觉。

我会拒绝资助自己找上门来的慈善团体，不是因为他们惹我生气，而是我有自己想要支持的慈善宗旨。我不喜欢主动提出要求的机构，我会直接将他们排除。我喜欢从根本问题着手的慈善团体，而不是发送大量物资——正所谓"授人以鱼不如授人以渔"。我只赞助小型慈善团体，我觉得他们更需要我的帮助。

　　我只支持那些小型慈善基金。我认为，要喂饱全世界饥饿的人，听起来有如无底深渊，是不可能达成的。另外，帮助地球遥远彼端的人们也没什么不对，但是我更喜欢帮助我身边的人、事、物，比方供应饮用水给特定的乡镇，或是提供免费早餐给需要的学龄儿童。

## 104.聪明花钱

你确定你花的钱都是经过自己的手花掉的吗？我不认为，尤其当你越来越有钱时，你越需要别人帮你花钱。相信我，花钱交给别人真是太冒险了，不但花得没价值，也是浪费金钱。我们太忙了，当有人愿意帮我们提供一些服务，我们很容易便会拱手移交出去。

我注意到成功的有钱人凡事都亲力亲为，他们时时谨慎、注意细节。当然，有一天我们会老到无法再打理自己的事情，但是在那一刻来临之前，任何事最好亲自决定。

**成功的有钱人凡事都亲力亲为。**

我有一个很有钱的朋友，他总是很高兴有人愿意帮他处理事情。

例如，他的园丁自愿帮他购买园艺设备，包括割草机、电动链锯等，结果送来的都是最高级的设备。朋友做的只是签支票付款，园丁可是一路笑开怀地走到工具房，开着劳斯莱斯等级的割草机在花园转来转去，开心得很。当我朋友想办晚宴，会直接请酒席承包公司负责一切事务，他只要签张支票，便可轻松等着一场丰盛的宴席。

你可能会说："那又怎样？他付得起。"没错，但是下面的事也跟着发生：

●经常被敲竹杠。

●价超所值。

●逐渐失去对财务的控制。

●员工和外包服务公司会认为，他是有钱没脑袋的傻子（如果他是世袭的贵族，另当别论，但他是白手起家的富翁）。

他在换车时也是犯了同样的错误，他会打通电话给车商，请他们将指定车款开到他家门口。问题是，他收到的通常是放在展示室很久，而且卖不出去的样品车。他买了一辆粉红色的宾利车，这辆车放上个一百年也不会有人想买。我嘲笑他说："汽车销售员是否都坐在玻璃隔间的展示室外，笑着看你开这辆粉红宾利？"

　　如果你想妥善管理财务，以及保持你的尊严，你就得保持对花钱细节的控制。不要浪费钱在可笑的粉红宾利、不要把信用卡递出去、不要让任何人有权替你签支票，也不要雇用购物助理。设定合适的额度，请他们先报价；检查附约条文、每个细节，事事详细查问，掌控局面。如果你问我的意见，我会建议绝不开设共有账户。现在不需要，将来也没必要。

## 105.接受建议前，先弄清楚自己的责任

延续上个法则，我们继续讨论在听取别人建议前，你先要了解哪些事：

- 你期望得到什么？

- 为什么想征求他人的建议？

- 你目前确切的处境——如果自己都不清楚，别人从何建议？

- 你希望接下来事情如何发展？

- 建议者扮演什么样的角色？

- 如果建议错误、过时，甚至有伤害性，你该采取什么行动？

- 你可能需要什么样的进一步建议？

在你听取别人意见之前，自己要先担起责任。

我们都是白手起家——至少我是，大多数给我建议的人也是如

此，我们都希望有一天成为富人。你承接众人对你的期望，潜移默化地想成为富人。理论来讲，你应该随着年龄增长越来越有钱。我们都希望有一天醒来后，人生会自动变成理想状态。对我来说，人生并没有如此顺利，因此，我费尽心力改变现况。而今我极为富有，这是我卖命工作，费尽千辛万苦的结果。你和我一样已成为富人，现在是担起责任，回馈社会的时候了。你需要回答自己下面这些问题：

- 你目前的人生阶段？

- 你是如何达到现在的位置的？

- 你的价值——物质和精神？

- 下一阶段的目标？

- 预计如何达成目标？

　　在你回答完这些问题后，便可以设定计划，寻求下一步的建议。建议不一定要付费，也不用找穿西装、打领带的专业人士，或是寻求严肃难懂的建议。有时候建议会来自你想象不到的人、事、物。学习倾听、学习看到隐藏的信息，还有作个开心的人（天啊，这对现代人来说真难）。

　　越有钱，就越容易把我们的事情（财务方面）移交给信任的人管理。你要找真正关心我们的利益、了解自己在做什么，至少要非常了解最新时事和法律发展的人。根据我的观察，精明的富人绝对不会把自己的事业交给不适合的人，除非这个理财顾问真的很可靠。以上就是我的真心建议。

**有时候建议会来自你想象不到的人、事、物。**

## 106.别当暴发户

拥有财富很美妙，有钱的感觉很棒，追求财富的过程很值得，也充满乐趣。但是购买粉红宾利却让人觉得刺眼，这是暴发户卖弄财富的行为，不仅庸俗，而且高调得惹人讨厌。即使有钱，也不要招摇，学习管理好财富。

我读过一个故事，有个年轻人受邀到有钱亲戚的豪宅住宿，晚上睡觉时，没关灯便上床躺下，这时，有钱亲戚从门边探出头，要他将灯关掉，不然很浪费。他甚至威胁，如果不关掉电灯，就要罚他1英镑。讲完后亲戚却丢给年轻人1英镑，而且自己动手将灯关掉。年轻人对这件事一直无法忘怀，现在不管他要睡觉或是暂时离开房间，都会顺手关灯。他不懂为什么逆向心理操作对他很有用，但如他所说，从原本要被罚钱的情况，演变成得到意外之财，也意外地养成他的节俭习惯（故事发生在1953年，1英镑价值很大）。

生活要节俭，谨慎花钱，不要炫耀财富。现在你已成为财富俱乐部的一员，希望你能遵守下面这些规则：

● 不要购买豪华车。

● 不要珠光宝气地惹人注目。

● 不要追求奢华。

● 不冲动消费。

● 不要圈养野生动物当宠物。

● 不要购买私人岛屿。

● 不要购买私人飞机。

● 不要包机邀请亲友到国外开派对。

● 不要包机邀请亲友到国外庆祝你的结婚纪念日。

● 不要穿金戴银，会引来强盗、小偷的觊觎之心。

成为一个稳重的、有品位的、有格调的、有教养、喜爱精简风的有钱人。鼓舞社会大众，让他们尊敬你，不要处事欠缺思考而遭人嬉笑——穿豹纹皮裤应该会被人嘲笑（我没有暗指你柜子里也有一件）。我希望你可以成为一般庶民和年轻人的模范。

　　我们都见过一夜致富的暴发户，或是趾高气扬、夸耀财富的土财主，我们心里都会想："天啊，真是俗气。"我知道不应该批判、指责他人，但就是忍不住。

　　炫耀只会造成别人羡慕、嫉妒、批判、势利眼的心理，甚至会严格地谴责你。另一方面，你如果能保持谨慎自重的态度，别人自然会尊敬、赞美你，甚至以你为榜样，向你学习。不要提自己有多少钱、多少身价或是收入情况，绝对不要。如果你告诉别人，一半的人会鄙视你，才拥有那么一丁点钱也敢炫耀；另一半的人会怨恨你这么有钱。这样的信息只有你的银行经理才可以知道；即使你不说，银行也还是会主动从你那里获取更多信息的。

**　　不要提自己有多少钱、多少身价或是收入情况，绝对不要。**

107.接下来呢?

这是最后一条法则,我觉得应该轻松一下。每个人创造财富的途径各不相同,你可以靠努力工作致富,可以通过彩票或是玩扑克牌(赌注可能要很大),也可能因为继承、偷窃、结婚、得大奖(诺贝尔文学奖,可以获得130万英镑。天啊,要是我能获得一次就好了;或是 Templeton 奖也很好,奖金有140万英镑)。也有人靠捡到钱致富(网络上有许多这样的例子,有人在路上捡到大捆钞票)。成为富人的方法应有尽有,如果你急着想成为富人,还可以尝试和恶魔签约,但要注意附加条款。

**和恶魔签约,但要注意附加条款。**

中国人相信风水，认为马桶的位置不佳，就会散财。我想这应该是现代版的风水，因为中国古代并没有冲水马桶，但风水是自古流传。

人们还相信念力——你写下想要的财富，贴在每天看得到的地方，一天念个百来次，财富就会自动上门；或是将它放在枕头下，晚上睡觉会梦到宝藏埋藏的地点。

或是向宇宙下订单——告诉宇宙银行欠你多少钱，要它马上还你。要注意银行都会设圈套赚你的钱，全世界的银行都这样，宇宙银行应该也不例外。

还有财富地图和展示板——看你想要什么，多贵的东西都没关系，剪下图片，贴在展示板上，像小朋友的剪贴簿一样。我猜你要每天看着展示板，也许有一天愿望会成真。

除此之外，佩戴水晶——你要时时戴着水晶，睡觉时也一样，到哪里都戴在身上。水晶会和宇宙银行产生共鸣（又是宇宙银行），应该会寄给你石头支票吧，我猜。

不然用Y字形的探索树枝探藏（也可以用衣架或是空的笔管做，每本书的说法都不太一样），当你走到金矿或宝藏上面，树枝会感应而晃动；不过更有可能是挖到易开罐拉环。这方法有点像是金属探测器，只是不用装电池。

你还可以买赛马，只是投资风险很大。不然画一幅旷世杰作，挂在墙上等待伯乐赏识，或是等你离开世间然后声名大噪，看哪个先（画家都要等到死后才成名）。投资好酒应该也不错，但是我可能受不了诱惑，自己先把酒喝光。

我没有嘲弄上述任何方法，如果你想通过它们致富，一定要相信它，孜孜不倦地练习，百分之百全心投入，不管别人怎么说。祝你好运。

坦白地讲，谁不想家境富裕，谁不羡慕那些有钱人。他们是怎样变富的？我们要怎么做才能像他们一样幸运和富有？答案很简单，有钱人的见解和做事方法跟我们不同。富裕的人在获得财富的过程中，从逻辑思维到处事态度，都遵守着某些法则，因此他们能够脱颖而出成为有钱人。我们要将思维转成富裕的人的想法，这是赚取财富的基石。

本书将所有与财富相关的黄金法则进行系统编排，让你能在生活中运用，创造越来越多的财富。这些法则都来自于作者观察富人的待人处事，汇集其所有心得。我们要想成为富人，那就共同竭力遵循这些致富黄金法则和策略，它们不能让你很快成为富裕的人，但会大大提高赚钱和累积财富的机会。每实践一个法则，离成功便更近一步，

　　而且不用铤而走险，让你体面地成为有钱人。

　　每个人的金钱观都不一样，即使不认为财富会带来快乐，至少可以得到慰藉。不管未来如何，我真心诚意地祝福你，拥有一个成功富足的人生。

　　参与本书翻译的有唐兆辉、何畔，感谢刘文钊、吴楠、李冉、李莹、薛亮、谷加文、尚晓华、周永、白萍、于文源、唐丽对全书进行了校对。译者水平有限，不当之处恳请读者批评指正。

**译　者**

2015 年 2 月